KB142114

온디맨드 비즈니스 혁명

오직 한 사람에게로

← 온디맨드 비즈니스 혁명 ⇒

오직 한 사람에게로

김용진 지음

쌤앤
파커스

목차

시작하며   미래 기업은 어떻게 생존하고 성장하는가?   008

PART 1.
혁명의 시대

혁명의 시대에는 관점의 전환이 필수   015

이미 우리 삶에 깊숙이 들어온 미래 기술들   019

노동 대체 기술이 지능 기반 기술로 | 생산성과 의사결정 효율 높이는 인공
지능 | 초연결성으로 서비스의 가치를 높이는 사물인터넷 | 컴퓨터가 없어
도 컴퓨팅이 가능한 클라우드 컴퓨팅 | 최적의 솔루션을 찾아주는 빅데이
터 | 언제 어디서나 인터넷에 연결해주는 모바일 | 온디맨드 제조의 성패를
좌우하는 소재

모든 지식이 디지털을 향할 때 산업과 고용은 어떻게 달라질까?   030

상품과 서비스의 융합, 새로운 경쟁의 규칙   035

제품의 서비스 | 서비스의 제품화 | 맞춤화된 제품-서비스 통합

무료경제와 양면시장으로 블리츠스케일링　　　　　　　　043
　양면시장의 3가지 조건
'규모의 경제'가 무의미해진 세상　　　　　　　　　　　049
공장이 없다고? 스마트팩토리에 맡기면 끝!　　　　　　053
대기업 공중분해가 현실화되고 있다　　　　　　　　　058

PART 2.
온디맨드 이코노미, 이미 와버린 미래

공유경제, 구독경제 위에 온디맨드 이코노미가 있다　　　071

　이미 일상을 파고든 온디맨드 서비스 | 대여나 교환으로 서로 편익과 이윤
　을 얻는 공유경제 | 정기적으로 비용을 지불하고 서비스를 이용하는 구독
　경제 | 온라인의 편리함과 오프라인의 즉시성을 결합한 O2O

O2O 최강자 아마존 집중 분석　　　　　　　　　　　079

　주문하기도 전에 출발하는 예측배송, 아마존 프레시 | 계산대도, 계산원도
　없는 원패스 서비스, 아마존 고 | 고객이 없어도 집 안까지 안전하게, 아마
　존 키

'원가 〈 가격 〈 가치' 딜레마를 어떻게 해결할까?　　　084

　'캐시카우'로 '스타'를 키워라? | 문제는 '시장점유율'이 아니라 '고객점유율'
　| 미래 기업의 경쟁은 플랫폼 간의 전쟁

초연결, 초지능 시대, 어떤 서비스가 뜰까?　　　　　　093

　초연결-시간, 공간, 경험의 3차원 | 초지능-지능화된 센서로 문제해결 | 초
　연결 시대 소비를 주도하는 C세대

아디다스 스피드팩토리가 의미하는 것　　　　　　　　100

　문제해결을 위한 모든 것이 '서비스'다 | 1년 6개월 걸리던 생산을 10일 만
　에 | 기업 간 거래도 '소유에서 사용으로'

기존에 없던 새로운 산업이 창출되는 조건　　　　　　　　110

하드웨어와 소프트웨어, 경계가 사라지다 | 모든 프로세스에 디지털 기술을
| 블록체인으로 신뢰구현

모든 기술, 자원, 프로세스를 온디맨드로 집중시켜라　　　　115

기술과 자원, 프로세스를 바꾸기 위한 가장 중요한 3가지 전략

온디맨드 워킹, 노동과 일자리의 미래를 바꾸다　　　　　　121

홈오피스가 부상하면 도시는 어떻게 변화할까?　　　　　　127

온디맨드 시대, 기업성장의 비밀　　　　　　　　　　　　131

넷플릭스, 스타벅스, 버버리에서 배워야 할 것들　　　　　　144

유통, 물류, 전달 프로세스도 디지털로 변신 중　　　　　　152

아마존의 스마트 유통물류 시스템

지멘스의 디지털트윈과 마인드스피어　　　　　　　　　　159

결제부터 자산관리까지 블록체인과 거래 자동화　　　　　　165

PART 3.
오늘부터 온디맨드 비즈니스를 시작합니다

당신의 고객은 누구인가? – 트라이슈머, 모디슈머, 프로슈머　　195

체험을 사랑하는 트라이슈머 | 취향대로 바꾸는 모디슈머 | 생산에 직접 참
여하는 프로슈머

고객의 욕구는 어디까지? – 미충족 고객, 과충족 고객, 비사용자　208

충성도 높으나 불만도 많은 미충족 고객 | 곧바로 떠날 준비가 되어 있는
과충족 고객 | 진입장벽을 낮춰 끌어모아야 할 비사용자

입장에 따라 불편이 달라진다－구매자, 사용자, 지불자　　　214

사용자의 문제 | 지불자의 문제 | 구매자의 문제

온디맨드 서비스 비즈니스모델 만들기 218

디지털에 특화된 비즈니스모델의 3가지 조건

기존의 비즈니스모델, 언제 어떻게 혁신할 것인가? 222

고객가치제안 | 이익공식 | 핵심자원 | 핵심 프로세스

기존 시장을 뒤흔드는 혁신적 비즈니스모델의 6가지 특징 233

디자인씽킹으로 비즈니스모델 만들기 238

1. 공감하기 | 2. 문제 정의하기 | 3. 아이디어 찾기 | 4. 시제품 만들기 |
5. 평가하기 | 디자인씽킹으로 문제해결한 에어비앤비

비즈니스모델 캔버스에 신사업 아이디어 그려보기 245

1. 고객가치제안 | 2. 표적고객 | 3. 채널 | 4. 고객관계 | 5. 핵심활동 |
6. 핵심자원 | 7. 핵심 파트너십 | 8. 비용구조 | 9. 수익흐름

어떤 영역에서 어떤 형태로 경쟁할 것인가? 253

마치며   '사람 중심의 기업가정신'에 성패가 달렸다 257

주석 261

그림 찾아보기 265

미래 기업은 어떻게
생존하고 성장하는가?

요즘처럼 불확실하고 변동성이 큰 상황에서 기업은 수많은 질문에 봉착한다. 어떤 변화를 어떻게 추구할 것인가? 지금 하고 있는 비즈니스를 무조건 버리고 디지털 기술 쪽으로 달려가야 하는가? 지금의 비즈니스모델을 바꿔야 하는가? 바꾼다면 승산이 있는가? 비즈니스모델을 바꾸기 위해 무엇을 해야 하는가? 이러한 질문에 대한 답은 '기본으로 돌아가자Back to basics'로 모아진다. 기본으로 돌아가기 위해서는 어떻게 해야 할까? 가장 중요한 질문 3가지는 다음과 같다.

첫째, 당신의 비즈니스의 본질은 무엇인가?
둘째, 4차 산업혁명의 본질은 무엇인가?

셋째, 4차 산업혁명은 당신의 비즈니스에 어떻게 영향을 주는가?

비즈니스란 본질적으로 기업이 가진 자원과 프로세스를 통해 고객이 가진 문제를 해결하는 것이다. 고객의 문제를 해결하는 과정을 통해 가치를 만들어내야 기업이 성장한다. 하지만 문제해결에 들어가는 원가가 너무 높다면 기업활동을 지속할 수 없다. 따라서 기업은 고객문제를 정확하게 이해하고 이를 해결하기 위한 솔루션을 만들어내되, 지속적인 생존이 가능한 비용으로 그 솔루션을 만들어내야 한다. 이 고난도의 복합 방정식을 풀어야만 기업은 '성장과 생존'이라는 두 마리의 토끼를 잡을 수 있다.

4차 산업혁명의 본질은 초연결성hyper connectivity과 초지능성hyper intelligence을 제공하는 다양한 디지털 기술을 활용해 인간의 삶과 산업, 경제를 변화시키는 것이다. 그 변화의 핵심은 인류가 아주 오랫동안 꿈꿔왔던 것들을 이루는 것이다. 꿈꿔왔던 것이란, 쉽게 말해 시간과 공간의 제약을 뛰어넘어, 원하는 것을 원하는 때에 원하는 형태로 취하는 것이다. 4차 산업혁명을 주도하는 다양한 디지털 기술이 지금까지 비용의 문제로 불가능했던 '고객 개인에게 맞춘 온디맨드on demand 솔루션 제공'을 가능하게 만들고 있다.

4차 산업혁명의 핵심은 온디맨드 서비스를 제공하기 위한 '디지털 트랜스포메이션digital transformation'이다. 디지털 트랜스포메이션은 기업이 가진 자원이나 프로세스를 표준화·모듈화해 디지털로 변혁함으로써, 고객들이 요구하는 온디맨드 서비스를 실제로 구현하게 해준다.

이것은 단순히 '디지털화'라는 차원을 벗어나 고객의 문제를 온디맨드로 해결하기 위한 '모든 것의 디지털화'를 뜻한다.

그런 의미에서 기업에 디지털 트랜스포메이션은 기회이자 위협이다. 혁신적 기술과 다양한 방법 덕분에 경영효율이 높아지고, 다양한 수단을 활용해 고객을 더 잘 이해하게 된다. 하지만 그만큼 경쟁은 더욱 치열해진다. 기업이 이러한 경쟁을 헤쳐나가려면 다음과 같은 4가지를 반드시 수행해야 한다.

첫째, 다양한 영역에 디지털 기술을 접목하면서 이를 구현할 수 있는 역량 있는 인재를 확보하고 새로운 비즈니스모델을 만들어내는 데 노력을 기울여야 한다.

둘째, 모든 제품과 서비스에 컴퓨팅 기능이 핵심적인 역할을 수행하므로 제품과 서비스를 디지털화하고 서비스화하기 위한 다양한 협력관계를 구축해야 한다. 데이터, 애플리케이션, 인프라 등을 활용해야만 생존할 수 있기 때문이다.

셋째, 글로벌화는 막을 수 없는 추세이고 반드시 가야 할 길이다. 글로벌화가 잘된 기업의 성과가 좋다는 점을 기억해야 한다.

마지막으로 기술적인 측면이 쉽게 해결되면서 기업이 해야 하는 가장 중요한 일은, 고객이 가진 문제를 이해하고 그 문제를 풀기 위한 솔루션을 만들어서 고객이 필요한 시점에, 필요한 장소에서, 필요한 형태로 제공하는 것이다.

고객 문제를 이해하고 문제가 발생하는 원인과 상황, 형태 등을 이해할 수 있는 역량이 없다면 아무리 최첨단 기술이 많아도 쓸모가 없다. 따라서 디지털 트랜스포메이션을 논의하기 전에 먼저 온디맨드 서비스에는 어떤 것들이 있고 이런 서비스들은 어떻게 현재의 비즈니스를 바꾸고 있는지를 이해해야 한다.

이제 가야 할 방향은 대략 정해졌다. 그렇다면 어떻게 갈 것인가? 어떻게 한 걸음을 뗄 것인가? 이 책은 앞서 언급한 3가지 질문, 비즈니스의 본질, 4차 산업혁명의 본질, 그리고 4차 산업혁명과 비즈니스의 관계에 대해 필자가 다년간의 기업 경험과 컨설팅 경험, 그리고 이에 대한 심층적 연구를 통해 체계화한 프레임워크를 제안한다.

매일 쏟아지는 새로운 기술, 새로운 비즈니스모델, 듣도 보도 못한 재난과 재해에 혼란과 걱정이 날로 커지는 지금, 이러한 상황을 돌파하고자 하는 기업인, 창업을 꿈꾸는 청년이라면 이 책이 큰 힘이 되어줄 것이다. 이 책이 지금까지의 4차 산업혁명과 디지털 트랜스포메이션에 대한 논의를 일단락 짓고 새로운 차원으로 도약하는 데 디딤돌이 되기를 희망한다.

마지막으로, 책이 나오기까지 자료를 수집하고 정리를 도맡아 해준 서강대학교 박사과정 윤보성을 비롯해 십수 년 동안의 연구과정을 같이 해준 많은 동료 연구자들에게 깊은 감사의 마음을 전한다.

PART 1

혁명의 시대

혁명의 시대에는
관점의 전환이 필수

'4차 산업혁명'이라는 용어는 2016년 제46회 다보스 포럼에서 등장한 이후 전 세계적으로 가장 많이 언급되고 주목받았다. 아직도 다양한 정의가 쏟아지면서 그 실체에 대한 논란이 분분하지만, 확실한 것은 2010년 독일에서 제조업과 정보통신의 융합을 통해 새로운 산업 경쟁력을 확보하려는 노력의 일환으로 이루어진 '인더스트리 4.0'이 그 원조라는 것이다.

지금까지 나온 여러 의견을 종합해보면, 4차 산업혁명은 2010년 중반 이후 현재까지 진행되어온 사물인터넷IoT, Internet of Things, 사이버 물리시스템CPS, Cyber-Physical System, 인공지능AI, Articifical Intelligence 등 기술을 기반으로 한 혁명이다. 쉽게 말해 기술을 이용해 사람, 사물, 공간을 연결하고 지능화하여 산업과 사회 시스템을 변화시키는 것이라 정의할 수 있다.

4차 산업혁명 시대에 디지털 기술은 현실세계와 현실세계, 현실세계와 가상세계, 그리고 가상세계와 가상세계를 연결한다. 쉽게 말해 현실의 시스템과 가상의 디지털 시스템을 하나로 통합하는 것이다. 알다시피 디지털 세상에서 기술이 확산되는 속도는 과거 산업혁명 때와는 비교도 안 될 정도로 빠르다. 예를 들어 라디오가 5억 명의 사용자를 확보하기까지는 약 38년이 걸렸지만, 2016년 출시된 증강현실 AR, Augmented Reality 게임 포켓몬고는 5억 명을 모으는 데 단 20일도 걸리지 않았다.

그리고 4차 산업혁명은 저비용 맞춤형 생산을 지향해 새로운 수요를 창출한다. 소비자 개개인의 요구사항이 제품, 서비스의 설계단계에서부터 반영되고, 배송은 효율화되었다. 디지털 기술은 생산속도를 향상시키고 재고를 최소화시켰다. 그 결과 4차 산업혁명은 사용자의 욕구를 '즉각적으로', '꼭 맞게' 충족시켜주는 '온디맨드'의 시대를 활짝 열어주었다.

요약하면, 4차 산업혁명은 인류가 오랫동안 꿈꿔왔던 것들을 이뤄준 일종의 '생활혁명'이다. 예전에는 배가 고프면 그 시간에 문 연 식당을 찾아가서 먹었지만, 이제는 스마트폰 터치 몇 번이면 당장, 바로 그 자리에서, 원하는 음식을 먹을 수 있다. 마찬가지로 예전에는 일하다가 뭔가 모르는 게 있어서 막히면, 도서관에 가서 자료를 찾아보거나 알 만한 사람을 수소문해 직접 찾아가 물어봤지만, 이제는 바로 그 자리에서 필요한 지식을 내가 가장 쉽게 이해할 수 있는 형태로 즉시 얻을 수 있다. 이처럼 필요를 편리하게 충족시켜주고 위기에 처했을 때 즉시 벗어나게 해주는 서비스가 제공되는 '생활혁명'이 이미 우리 삶에 깊숙이 들어왔다.

이런 관점에서 볼 때 4차 산업혁명은 '초연결성'과 '초지능성'을 제공하는 다양한 기술들을 활용하여 인간의 삶은 물론이고, 산업과 경제에 혁신적인 변화를 가져다주고 있다. 고객이 '원하는 시점now'에, '원하는 장소here'에서, '원하는 형태only for me'로 제품과 서비스가 제공되는 기술과 시스템이 갖춰진 것이다. 이것이 바로 '온디맨드 시스템'이고, 이를 통해 인류의 삶을 더욱 풍요롭고 편리하게 만드는 것이 바로 4차 산업혁명이다.

그렇다면 이러한 시대에 기업은 어떻게 생존하고 성장할 것인가? 혁명의 시대에 가장 중요한 것은 관점의 전환이다. 어떤 관점으로 시장의 변화를 바라보느냐에 기업의 흥망과 성쇠가 달렸다.

100여 년 전, 2차 산업혁명이라는 격변의 상황에서 마차 제조업을 운영하던 윌리엄 듀랜트William Durant는 자신의 사업을 '마차'라는 제품의 생산이 아니라 '운송수단의 제공'으로 재정의했다. 새로운 관점에서 업의 본질을 다시 파악한 그는 이후 폭발적으로 성장한 자동차의 시대에 생존을 넘어 성장과 번영을 구가할 수 있었다.

윌리엄 듀랜트는 1900년에 일어났던 '안전한 마차의 통행을 위협하는 위험한 자동차의 도로주행을 규제해달라는 시위'를 목격하고 자동차 산업이 빠르게 성장할 것임을 감지했다. 그래서 그는 1904년 초창기 자동차 기업인 뷰익Buick을 인수하고 그로부터 4년 후 직접 제너럴모터스GM, General Motors를 설립했다. 그리고 GM을 미국을 대표하는 글로벌 자동차 기업으로 성장시켰다.[1] 이와 같은 사례에 비추어보면 4차 산업혁명 시대에도 시장의 변화를 어떻게 읽어내느냐, 어떠한 관점을 가질 것이냐가 기업의 성패를 결정할 것이 명확하다.

이미 4차 산업혁명은 '디지털 트랜스포메이션'을 통해 산업과 사회를 '온디맨드' 방향으로 진화시키고 있다. 따라서 4차 산업혁명의 파고를 제대로 타고 넘기 위해서는, 지금부터라도 '디지털 트랜스포메이션'과 '온디맨드 서비스 시스템'을 제대로 이해하고, 이러한 패러다임의 변화가 여러분이 현재 몸담은 비즈니스를 어떻게 변화시킬지에 대해 이해하는 것이 필수다.

이미 우리 삶에 깊숙이 들어온 미래 기술들

지금 일어나고 있는 4차 산업혁명에 대해 제대로 이해하려면 그 이전에 이루어진 1, 2, 3차 산업혁명에 대해 한 번쯤 짚고 넘어갈 필요가 있다. 현생 인류는 농업혁명, 상업혁명 등과 같은 몇 번의 혁명과도 같은 대변혁을 거치며 지금에 이르렀다. 비교적 최근에 일어난 '산업혁명'은 1차부터 4차까지 단계를 구분할 수 있는데(1부 끝에 자세한 설명이 있다) 1차 산업혁명에서는 새로운 동력기관과 기계들이 개발되어 산업생산이 활성화되고 '대량운송' 시스템이 만들어졌다.

그 후 2차 산업혁명에서는 전기에너지를 기반으로 각종 동력기관과 기계들을 더욱 효율적으로 사용할 수 있는 '대량생산' 시스템이 탄생했다. 그리고 3차 산업혁명에서는 컴퓨터를 기반으로 한 정보화, 자동화, 디지털화를 통해 생산성을 극대화하기 위한 정보 시스템과 제어 시스템이 만들어졌다.

이처럼 선행 산업혁명의 결과는 후행 산업혁명의 동인이 되었다. 후행 산업혁명에서는 선행 산업혁명에서 개발된 원천기술을 토대로 기술이 더욱 발전했고, 새로운 기술이 실생활에 활용됨으로써 '누구나 당연하게 사용하는 기술'로 정착되었다.

이러한 연계성과 추이를 기준으로 살펴보면, 4차 산업혁명은 3차 산업혁명의 결과로 탄생한 정보 시스템과 제어 시스템을 좀 더 진화시킨 것이다. 제품과 서비스, 전달체계, 생산과 운영 시스템, 그리고 거래 시스템을 디지털로 바꾸고, 여기에서 발생하는 대량의 데이터를 분석해 전체 시스템을 효율화하는 통찰 기반의 산업체계를 만들어내는 중이다.[2]

이것을 기업경영 측면에서 살펴보면, 4차 산업혁명은 '초연결·초지능·대융합'을 통해 제품이나 서비스를 사람들이 원하는 형태로 만들어서 적시에, 적소에 제공하는 '온디맨드 이코노미'로 패러다임을 이동시킬 것임을 쉽게 추론할 수 있다. 결국 4차 산업혁명은 '원재료-제조-유통-서비스-소비'에 이르는 기업활동의 전 과정을 디지털로 재구축하고, '고객의 문제를 유연하게, 창의적으로 해결하는 시스템'을 만들어가는 과정이다. 기존의 시스템에 신기술을 적용하여 점진적으로 확장해가는 단선적 변화가 아닌, 한가운데서 폭탄이 쾅 하고 터진 듯한 디지털 중심의 파괴적 혁신을 의미한다. 좁은 의미에서 생각해보면, 정보기술 혁명인 3차 산업혁명의 결과로 만들어진 디지털 기술이 산업 분야 전체로 확산되어 모든 산업을 디지털로 바꾸는 것으로도 볼 수 있다.

노동 대체 기술이 지능 기반 기술로

4차 산업혁명이 가져온 이러한 변화는 기업 경영환경의 변동성과 불확실성을 심화시켰다. 보스턴컨설팅그룹이 미국 내 상장기업 전체를 대상으로 조사한 결과, 상장기업의 시가총액 성장은 업종별 변동성이(그리고 같은 업종 안에서도 기업별 변동성이) 1960년 대비 약 12배 이상 증가했다.[3]

특히 시가총액 변동성이 컸던 기업들은 IT, 소비재, 소재, 금융, 통신과 에너지 산업에 속한 기업들이었다. 마틴 리브스Martin Reeves와 마이크 다임러Mike Deimler에 따르면 시가총액 변동성의 특징은 크게 3가지로 설명된다.[4]

첫째, 기업들의 이익 변동성이 1950년대와 비교하여 1980년대 이후 2배로 증가했을 뿐만 아니라 기업 간 불균형이 심각해졌다. 둘째, 분야별로 3위 이내에 들었던 기업이 탈락한 비중이 1960년 2%에서 2008년에는 14%로 증가했다. 셋째, 시장점유율과 기업이익율의 상관관계가 무너져 1950년에는 시장점유율 1위 기업이 이익률 1위이던 비중이 34%였지만, 2007년에는 7%로 대폭 하락했다.

기업 시가총액 변동성이 이러한 특징을 보이게 된 이유가 무엇일까? IT기술을 중심으로 한 융합이 급격하게 확산되면서 산업 간의 경계가 허물어지고, 새로운 산업이 빈번하게 출현했기 때문이다. 또 이러한 변화에 적응하지 못한 기업들이 도태되고 새로운 강자들이 부상했음을 유추할 수 있다.

　4차 산업혁명과 디지털 트랜스포메이션은 더욱 치열한 기업 간 경쟁을 유발했고, 기업의 경쟁우위를 결정하는 핵심요소를 바꿔놓았다. 산업 간 경계가 허물어지면서 누가 누구의 경쟁자가 될 것인지도 불명확해졌다. 4차 산업혁명 기술이 가지는 '초연결·초지능·대융합'이라는 특징은, 경영의 의사결정 복잡도를 대폭 증가시켰고 기업 경쟁력의 원천을 '양적 효율성 향상'에서 '무형자산의 확보와 활용'으로 변화시키고 있다. 과거 경쟁우위의 핵심요소였던 '노동 대체 기술'은 부가가치가 높은 '지능 기반 기술'로 진화 중이다. 아래의 [그림01]은

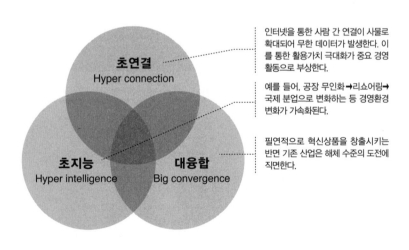

초연결
Hyper connection

초지능
Hyper intelligence

대융합
Big convergence

인터넷을 통한 사람 간 연결이 사물로 확대되어 무한 데이터가 발생한다. 이를 통한 활용가치 극대화가 중요 경영 활동으로 부상한다.

예를 들어, 공장 무인화➡리쇼어링➡국제 분업으로 변화하는 등 경영환경 변화가 가속화된다.

필연적으로 혁신상품을 창출시키는 반면 기존 산업은 해체 수준의 도전에 직면한다.

그림01 4차 산업혁명의 특징과 기업 경영환경 변화

4차 산업혁명 기술의 3가지 대표적인 특징이 기업경영에 어떠한 영향을 미치는지를 설명한다.

4차 산업혁명과 관련하여 수많은 보고서가 언급한 디지털 기술들을 정리하면, 사물인터넷, 사이버물리시스템, 빅데이터, AI, 3D프린팅, 나노 기술, 바이오 기술, 신소재 기술, 에너지 저장 기술, 클라우드 컴퓨팅, 자율주행 자동차, 모바일 등이 있다. 세계경제포럼 회장인 클라우스 슈밥은 그의 저서 《클라우스 슈밥의 제4차 산업혁명》에서 4차 산업혁명을 몰고 온 주요 혁신기술들을 물리학 기술(무인 운송 수단, 3D프린팅, 로봇공학, 그래핀/신소재), 디지털 기술(사물인터넷, 블록체인), 바이오 기술(유전학, 합성생물학, 유전자 편집)이라는 3가지 영역으로 분류했다.

- 기업경영의 의사결정 복잡도가 높아진다.
- 기업의 핵심가치가 '양적 효율성 증대'에서 '무형자산 확보, 활용'으로 변화한다.
- '노동 대체 기술'에서 '고부가가치 지능 기반 기술'로 변화한다.

기존의 연구를 종합하면 4차 산업혁명의 핵심기술은 AICBMM(인공지능AI, 사물인터넷IoT, 클라우드컴퓨팅Cloud Computing, 빅데이터Bigdata, 모바일Mobile, 소재Material의 약자를 조합)으로 요약된다. 너무 많이 들어서 다 알고 있다고 생각하겠지만, 의외로 정확한 의미를 모르는 경우가 많아 간단히 핵심만 짚고 넘어가겠다.

생산성과 의사결정 효율 높이는 인공지능

인공지능은 컴퓨터가 사고, 학습, 자기계발 등 인간 특유의 지능적인 행동을 모방할 수 있도록 하는 컴퓨터 공학 및 정보기술의 한 분야다. 인공지능은 인간과 비슷한 판단력과 학습능력을 컴퓨터에 탑재하는 기술로서 머신러닝machine learning이라고도 불리며, 최근에 화두가 된 딥러닝deep learning은 그 유형 중 하나다. 딥러닝은 사람의 뇌가 사물을 구분하는 것처럼 컴퓨터가 데이터를 사용하여 사물을 분류할 수 있도록 학습시키는 것으로 뉴럴 네트워크neural network 알고리즘을 사용한다.

프로 바둑기사 이세돌과 대결했던 인공지능 알파고는 프로 기사들의 기보를 바탕으로 학습을 하고 시뮬레이션을 통해 이길 확률이 가장 높은 수를 두었다. 이처럼 딥러닝 기술로 학습한 알파고가 완승을 거두면서 컴퓨터가 바둑과 같이 복잡한 게임에서도 세계 최고의 바둑기사를 이길 수 있다는 것을 보여주었다.

최근에는 일상생활 속에서도 인공지능을 쉽게 발견할 수 있는데 인공지능 스피커가 대표적이다. 인공지능 스피커를 통해 쇼핑, 검색,

금융, 교통, 교육, 날씨에 대한 정보를 받을 수 있다. 여기에 사물인 터넷과 연결해 집 안의 가전제품뿐만 아니라 냉난방, 방범장치 등 환경 자체를 통제할 수 있다. 인공지능 기술의 활성화는 더 나아가 기업이나 개인의 생산성을 높이고 의사결정 효율을 높일 수 있다. 자원 배분에도 긍정적인 영향을 미칠 것이다.

초연결성으로 서비스의 가치를 높이는 사물인터넷

사물인터넷은 상호 연결된 사물과 다양한 플랫폼을 기반으로 사물 (제품, 서비스, 장소 등)과 인간, 사물과 사물 간에 실시간으로 정보를 주고받는 기술을 말한다. 사물인터넷은 사람의 개입 없이 상호 간에 정보를 직접 주고받으면서 상황에 따라 정보를 해석하고 스스로 작동하는 형태를 취한다. 사물인터넷에 장착된 스마트 센서들은 제조공정, 물류, 주택, 도시, 운송망, 에너지, 환경, 의료 등 다양한 분야에 활용될 수 있다. 따라서 사물인터넷은 지능을 가진 사물이 현실과 가상세계를 연결하여 정보를 상호교환하는 개념이라고 볼 수 있다. 사물인터넷의 세부 기술로는 센싱 기술, 유무선 통신 및 네트워크 인프라 기술, 사물인터넷 서비스 인터페이스 기술 등이 있다.[5]

이와 연계된 개념으로 '사이버물리시스템'이 있는데, 이는 다수의 센서, 액츄에이터actuator, 제어기기들을 복합적인 네트워크로 연결하고(사이버시스템), 현실세계의 정보를 습득, 가공, 계산, 분석하여 이를 토대로 물리시스템을 작동하는 복합시스템을 말한다. 사이버물리시스템은 기존 임베디드시스템(하드웨어나 소프트웨어가 다른 하드웨어나 소프트웨어의 일부로 내재된 것)의 외연을 확장하여 미래지향적이고 발전적인 형태로 만든 것이다. 제조 시스템, 관리 시스템, 운송 시스템 등의 복잡한 인프라 등에 널리 적용할 수 있다.

사물인터넷은 사물과 사물, 사물과 인간을 온라인으로 연결하여 O2O Online to Offline 혹은 Offline to Online를 활용한 새로운 스마트 비즈니스모델의 등장을 촉진한다. 제조기업들이 스마트 제조smart manufacturing, 연결제품connected products, 연결된 공급망connected supply chains에 집중적으로 투자하는 현상은 사물인터넷의 '초연결성'을 활용하기 위함이다.[6]

초연결성에 기반한 사물인터넷 환경은 다양한 데이터를 대량으로 생산할 뿐만 아니라 이를 처리하기 위한 클라우드 컴퓨팅 및 빅데이터 산업의 발달을 견인한다. 그리고 거기다 인공지능을 더해 '온디맨드 환경 속의 삶'이라는 궁극적인 변화를 이끌어내는 데 기여한다. 사물인터넷은 고객 측면에서는 제품이나 서비스의 가치를 향상시키고, 기업 측면에서는 다양한 프로세스 혁신을 통해 생산성과 효율성을 향상시킴으로써 기업의 경쟁력을 강화한다.[7]

이러한 여러 이유로 제조업 분야에서는 다양한 사물인터넷 활용사례가 점점 많아지고 있다. 앞으로도 사물인터넷의 적용과 활용으로 제품, 서비스, 운영 등의 영역에서 혁신이 더욱 가속화될 것이다.[8] 특히 상황을 인지하고 학습하는 컴퓨터의 능력이 발전할수록 무인자율 자동차, 드론, 로봇 등과 함께 사물인터넷을 통해 제공할 수 있는 온디맨드 서비스가 기하급수적으로 성장할 것이다.

컴퓨터가 없어도 컴퓨팅이 가능한 클라우드 컴퓨팅

클라우드 컴퓨팅은 소프트웨어나 서버 등 실질적인 컴퓨팅 기반을 소유하지 않으면서도 컴퓨팅 기능을 수행할 수 있는 기술이다. 즉 컴퓨터라는 물리적 실체를 가지지 않고서도 컴퓨팅이라는 목적을 달성할 수 있도록 하는 서비스 기술이다. 아래의 [그림02]처럼 제공되는 서비스 유형에 따라 SaaS Software as a service, PaaS Platform as a service, Iaas - Infrastructure as a service로 구분할 수 있다.

최적의 솔루션을 찾아주는 빅데이터

빅데이터는 단순히 대량의 정보를 뜻하는 말이 아니다. 다양하고 복잡한 대량의 정형·비정형 데이터를 수집하여, 가치 있는 부분을 추출하고 결과를 분석하여 활용하는 기술이다.

제조환경이나 작업환경, 서비스 프로세스, 그리고 산업환경이 디지털화되면서 다양한 데이터들이 쉴 새 없이 그리고 기하급수적으로

구분	Saas	Paas	Iaas
정의	서비스로서의 소프트웨어	서비스로서의 플랫폼	서비스로서의 인프라
통제 정도	강	중	약
서비스 이용범위	서비스 제공업체가 제공하는 서비스만 이용가능	개발이 가능하나 서비스 제공업체가 설정한 범위 내에서 가능	모든 어플리케이션 개발가능

그림02 클라우드 서비스의 종류

생성된다. 그런데 이러한 데이터들은 규모가 방대하고, 생성되는 주기가 짧을 뿐만 아니라 업데이트가 잘되어 있다. 따라서 그 방대한 규모의 데이터를 분석해보면 사람들의 행동패턴을 유추해 특정 문제에 대한 솔루션을 찾아낼 수도 있고, 산업현장의 여러 문제를 분석해 시스템을 최적화하거나 효율화시킬 수도 있다. 그냥 버려지던 데이터에서 문제를 해결해주는 데이터로 가치가 높아지는 것이다.

빅데이터는 디지털 트랜스포메이션이 급격하게 진전되면서, 그리고 모바일 기술의 활용이 일상화되면서 기하급수적으로 생성되는 데이터를 관리하고 효율적으로 이용하기 위해 필수불가결한 기술이 되어가고 있다.

언제 어디서나 인터넷에 연결해주는 모바일

모바일은 노트북이나 휴대폰처럼 이동이 가능하면서 온라인으로 연결도 되어 있는 기술을 의미한다. 과거에는 컴퓨터 기기나 전화기가 온라인으로 연결되어 있지 않아 단순작업만 가능했다면, 지금은 인터넷은 물론 다른 기기들과 상호작용하는 기능이 강화되면서 개인의 일상생활뿐만 아니라 비즈니스의 전 영역을 지원하게 되었다.

특히 10명 중 9명이 스마트폰을 사용하는 우리나라의 경우, 사람들은 언제 어디서나 인터넷에 접속해 원하는 일을 수행하고 있다. 스마트폰으로 업무 메일에 회신하고, 프레젠테이션 장표를 만들고, 클라이언트의 문의사항에 답변하는 등, 업무뿐만 아니라 장보기, 음식 주문, 택시 호출, 공공기관 민원신청 등 웬만한 서비스는 대부분 손

안에서 해결할 수 있다. 이는 '온디맨드 서비스' 시스템 구현에 엄청나게 중요한 기반을 제공하고 있다.

온디맨드 제조의 성패를 좌우하는 소재

소재는 생산이나 제조에 쓰이는 원재료나 부품을 의미하는데, 화학적 공정을 통해 합쳐지거나 분리될 수 있다. 최근에는 나노기술의 발달로 2개 혹은 그 이상의 물질을 결합해 각각의 물질보다 더 좋은 물성을 나타내는 복합소재를 많이 개발하고 있다. 특히 3D프린팅이 제조영역을 맞춤화 생산으로 완전히 바꿔놓을 것으로 기대되는 가운데, 3D프린팅에 사용될 복합소재를 개발하는 데 많은 기업이 앞다투어 투자하고 있다.

온디맨드 제조를 위해서는 반드시 모듈화와 표준화, 그리고 유연생산을 가능하게 해줄 소재 개발이 중요하다. 소재 분야에서 경쟁력을 가진 기업이 향후 디지털 트랜스포메이션을 주도할 것으로 예상된다.

위와 같이 간단히 알아본 4차 산업혁명의 핵심기술들은 각각이 따로 떨어진 것이 아니다. 서로 간의 긴밀한 상호작용으로 연결성을 극대화하고 자가발전하는 '모맨텀(momentum, 하나의 기술이 다른 기술과 결합하면 또 다른 기술이 개발되고 이 기술이 다른 기술과 결합하면 또 새로운 기술이 나오는 지속적 기술발전 현상)'의 특성을 내포하고 있다. 그래서 관련 기술들은 기술 간 융합을 통해 앞으로도 지속적으로 더욱 빠르게 진화할 것이다.

모든 지식이 디지털을 향할 때, 산업과 고용은 어떻게 달라질까?

'지식 기반 경제'는 지식 집약적인 활동에 기반을 둔 생산이나 서비스라고 정의할 수 있는데, 기술과 과학의 획기적인 발전, 특히 디지털 기술의 발전은 '물적 자원 기반 경제' 체제를 '지식 기반 경제'로 급격하게 변화시키고 있다. 참고로 연결과 지능을 가능하게 하는 디지털 기술이 물적 기반을 지식 기반으로 바꾼다는 의미에서 '지능정보사회'라는 용어가 사용되기도 하지만, 경제구조를 이야기할 때는 '지식 기반 경제'를 사용한다.

이미 다가온 '지식 기반 경제'에서는 물리적인 투입물이나 천연자원보다 지식활동 역량이 더 중요하다.[9] 지식 기반 경제를 설명하는 대표적인 용어로는 지식 창출, 자발적 조직, 동시적 활동, 혁신, 기회 등이 있다.

전통 경제에서 생산의 핵심요소는 토지와 자본이었다. 하지만 3차 산업혁명이 일어난 뒤에는 지식이 가장 중요한 생산의 핵심요소로 등극했다. 3차 산업혁명에서의 지식은 컴퓨터와 인터넷이 만들어낸 데이터를 중심으로 발전해왔다. 지도, 백과사전 등 전통적인 오프라인 정보들이 디지털로 변환되어 인터넷에 올라오기 시작했으며, 컴퓨터에 대량의 데이터를 저장하고 분석하는 것이 일상화되었다.

여기에서 더 나아가 4차 산업혁명 시대에는 이러한 변화가 모든 산업에 걸쳐 광범위하게 진행되고 있다. 디지털 트랜스포메이션을 통해서 제품과 서비스가 디지털화되고 전달 프로세스도 디지털화된다. 거기다 생산, 운영, 거래 프로세스까지 디지털화되면서 모든 지식이 디지털로 바뀌고 있다. 이러한 디지털로의 전격적인 변화는 3차 산업혁명 시대에 존재했던 지식과 프로세스의 분리 혹은 작업과 지식의 분리현상을 없애고 있다.

그렇다면 지식 기반 사회 혹은 지능정보사회로의 이동이 의미하는 것은 무엇일까? 지능정보사회는 우리에게 어떤 이익을 줄까? 4차 산업혁명을 통해 프로세스가 효율화되고, 대량의 데이터를 모아 분석하는 것이 가능해지면서 비용절감, 신규 매출 증가, 소비자 후생 증가 등의 효과가 나타나기 시작했다. 다음의 [그림03]과 같이 국내에서만 최대 460조 원의 경제적 효과(2030년 기준)를 가져올 수 있을 것으로 전망하고 있다.[10]

소비자 후생 증가는 교통사고 감소(최대 10조 원), 대기질 향상(최대 7.6조 원), 교통체증 감소(최대 30조 원), 가사노동 단축(최대 10조 원), 국민 건강 향상(최대 10조 원) 등 76.4~174.6조 원으로 예상한다.

또 비용절감은 의료 진단 정확도 증가(최대 55조 원), 제조공정 최적화(최대 15조 원) 등 109~199조 원 규모의 효과가 예상된다. 그리고 데이터 활용 마케팅(최대 10조 원), 신규 로봇산업(최대 30조 원) 등 신규 매출 증가는 41.9~85.4조 원 규모로 예상된다. 산업 분야별로는 의료(최대 109.6조 원), 제조(최대 95조 원), 금융(최대 47.7조 원) 순으로 신규 매출 증가와 비용절감 효과가 나타날 것으로 예상된다.

지식 기반 경제의 성장은 고용문제에 관해서도 상당한 변화를 가

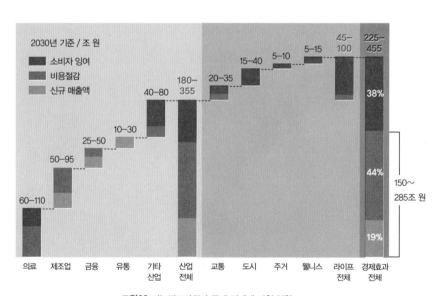

그림03 지능정보사회가 국내 경제에 미칠 영향

져오고 있다. 단순반복 업무나 예측 가능한 업무를 처리하는 프로세스는 대부분 자동화되고 있다. 이에 따라 고용구조도 변화해 기술혁신에 부합하는 새로운 직업들이 만들어지고 있다.[11]

지식 기반 경제의 한 축으로 부상한 '긱 이코노미gig economy' 또한 유연성과 신속한 대응을 기반으로 일의 형태, 고용의 구조를 바꾸고 있다. 원래 '긱 이코노미'는 재즈 공연을 위해 임시로 팀을 만들었다가 공연이 끝나면 해체시키는 공연계 관행에서 나온 단어다.

긱 이코노미는 특정 문제를 해결하기 위해 전문성을 가진 사람들이 일시적으로 모여 협력하고 수익을 나누는 것을 말한다. 작업자들은 이처럼 자유롭고 유연한 형태의 일을 선호한다. 프리랜서이므로 정해진 출퇴근 시간에 대한 부담이 없고, 특정 지역에 위치한 사무실이 아닌 자신이 원하는 공간에서 자유롭게 일할 수 있으며, 조직에 소속되지 않기 때문에 조직의 규율에 자신의 생활패턴을 맞출 필요가 없기 때문이다.

지식 기반 경제의 발전은 4차 산업혁명의 근간이다. 저숙련 업무와 관련된 일자리 수요가 줄어들고, 하이테크놀로지를 다루는 전문기술직 일자리가 증가하는 방향으로 이미 변화가 일어나고 있다. 인공지능, 사물인터넷 등 소위 4차 산업혁명 기술이 더욱 발전하면 기존에 사람이 하던 저숙련 노동을 대체하거나 보완하게 됨으로써 일부 직업이 없어지고 새로운 직업이 만들어진다.

직업의 성격 역시 크게 변화할 것이다. 인공지능이나 바이오기술

같은 하이테크놀로지를 개발하고 운영하는 전문기술직이 더욱 다양해지고 세분화될 것이고, 그 수요 역시 증가할 것이다. 반면 저숙련 업무는 자동화 기술 등의 향상으로 직접적인 영향을 받아 고용이 감소한다. 심지어 지적 노동, 중급 사무업무, 정밀한 육체노동까지 자동화되면서 고용구조가 양극화될 가능성이 높다.

숙련 사무직 역시 거래계약이나 프로젝트 기반의 지식노동을 제공하는 형태로 변화하면서 전통적인 평생직장의 개념이 줄어들고 단기 고용을 중심으로 한 탄력적 고용형태가 확대될 것이다. 치열한 경쟁에 직면한 기업들은 다양한 산업에 지능정보기술을 접목하면서 이를 구현할 수 있는 역량을 보유한 인재를 확보하고 새로운 비즈니스모델을 만들어내는 데 노력을 기울이게 될 것이다. 아래의 [그림 04]는 다양한 직무에 대한 향후 순고용 감소 및 증가 예측이다.[12]

순고용 감소		순고용 증가	
사무 / 행정	−4,759	사업 / 재정운영	492
제조 / 생산	−1,609	경영	416
건설 / 채굴	−497	컴퓨터 / 수학	405
디자인 / 스포츠 / 미디어	−151	건축 / 엔지니어링	339
법률	−109	영업 / 관리직	303
시설 / 정비	−40	교육 / 훈련	66

그림04 2015~2020년 직군별 고용 증감의 변화(단위: 1,000명)

상품과 서비스의 융합, 새로운 경쟁의 규칙

4차 산업혁명의 핵심인 디지털 트랜스포메이션은 과거와 같이 상품이나 서비스를 따로따로 구분하여 비즈니스모델을 정의하는 이분법적인 접근을 무력화시켰다. 기존의 관행대로 제품 따로, 서비스 따로 하는 비즈니스는 살아남을 수가 없게 된 것이다. 이런 상황에서 기업은 시장의 불확실성에 대응하고 새로운 경쟁규칙을 따르는 것 외에 다른 선택지가 없다.

이러한 추세를 가장 잘 반영하는 것이 최근 각광받는 '제품-서비스 융합' 모델이다. 제품-서비스 융합 모델[13]은 기업의 생존을 책임질 대안으로 부상하며 '제품의 서비스화' 혹은 '서비스의 제품화' 형태로 나타나고 있다.

전통적으로 '서비스'는 '제품'에 대비되는 특징인 '무형성'이나 '소멸성' 등을 기준으로 정의해왔기 때문에 최근까지도 제품과 반대되는 개념으로 여겨졌다. 하지만 이러한 접근방법은 서비스 자체가 가진 특수성에만 초점을 맞춘 것이어서 관점을 새롭게 바꿔야 할 필요가 있다.

제품의 서비스화

그렇다면 4차 산업혁명의 주요 특징인 지식 기반 경제에서 새롭게 정의되는 서비스란 무엇일까? '서비스'에 대한 기존의 정의는, 다음과 같은 이유로 관점의 전환을 방해한다. 첫째, 모든 제품과 서비스가 상대적 비중만 다를 뿐 유형과 무형이라는 2가지 특성을 모두 지니고 있어 고객 가치창출을 위한 하나의 묶음으로 이해해야 한다. 이를 이분법적으로 분류하는 것은 '가치에 대한 통합적 이해'를 방해한다. 둘째, 서비스의 핵심목적인 고객 문제해결 측면을 간과하고 있다. 고객 문제해결을 위해서는 제품과 서비스를 포함하는 솔루션이 필요하며, 솔루션은 물리적 자원이나 제품, 그리고 지식 등의 형태로 묶여서 제공된다는 점을 간과하고 있다.

이러한 기존 개념의 한계를 해결하기 위해 제시된 것이 '제품의 서비스화'와 '서비스의 제품화'다. 제품의 서비스화는 제조업이든 농업이든, 심지어 전통적 서비스업이든, 제공하는 제품이나 서비스가 '고객의 문제를 해결하기 위한 것'이라는 이해를 바탕으로 '문제해결'이라는 본질적 가치에 초점을 맞춘다.

예를 들어, 건설회사에 가장 중요한 것은 건축물을 제시간에 완성하는 것이다. 이를 위해서 건설사들은 건설장비들을 구매하여 보유한다. 하지만 많은 경우, 건설장비들이 고장을 일으키면서 공사기간이 지연되는 문제가 발생하고, 이러한 문제가 건설사의 목표달성을 어렵게 만든다. 따라서 계획된 기간 내에 공사를 마무리하기 위해서는 건설장비를 소유하는 것이 중요한 게 아니라 필요한 시점에 장비가 공사에 투입될 수 있도록 준비해두는 것이 중요하다. 그러려면 건설장비에 대해 잘 알고 유지보수를 잘할 수 있는 회사가 필요하다. 기존에 건설장비를 판매하던 회사들이 서비스회사로 변신하는 중요한 이유다.

자동차 판매도 비슷하다. 고객은 자동차를 '소유'하기 위해 사는 것이 아니라 '이동'이라는 서비스를 사용하기 위해 자동차를 구매한다. 이러한 이해를 바탕으로 자동차 회사는 자동차 구매와 관련된 재무적 지원, 컨설팅, 유지보수 등과 같은 각종 서비스를 통합 제공함으로써 '이동'이라는 고객의 문제를 해결할 수 있다. 최근 모빌리티 서비스가 활성화되는 이유다.

이처럼 서비스를 중심으로 한 비즈니스모델 혁신이 최근 급격하게 증가하고 있다. 구글이 자동온도조절기 '네스트Nest Thermostat'를 제품이 아니라 서비스로 제공하기로 한 것이라든지, 삼성전자가 스마트TV를 판매한 후에 다양한 콘텐츠 서비스를 제공하는 것, 어도비가 포토샵이나 일러스트레이터 등 단일 소프트웨어 제품을 서비스화하여 '크리에이티브 클라우드'란 이름으로 제공하는 것 등이 비슷한 사례다.

'제품의 서비스화'는 지향점에 따라 제품 지향적 서비스(유지 및 운영 계약, 컨설팅 등), 사용자 지향적 서비스(제품의 리스나 공유 등), 결과 지향적 서비스(이동성과 같은 최종 목표에 초점을 맞추는 것 등)의 3가지 유형으로 구분된다.

서비스의 제품화

'서비스의 제품화'란 기존에 무형적으로 제공되던 서비스를 소프트웨어 등과 같은 제품의 형태로 제공하는 것을 의미한다. 기존의 서비스가 제공받는 사람, 시간, 장소에 따라 달라지던 문제를 해결하기 위한 것이다. 예를 들어 소프트웨어 회사 인튜이트Intuit의 '터보택스'는 전통적으로 회계사가 제공하던 무형의 세무 서비스를 제품화했다. 과거에 회계사에 의존해 세금을 정산했던 고객에게 스스로 해결할 수 있는 새로운 방법을 제시함으로써 비즈니스모델을 혁신하고 새로운 시장을 창출했다. 일반적으로 회계사가 처리할 경우 129~229달러의 비용이 드는데, 터보택스 소프트웨어는 30~50달러에 구입할 수 있다.

또 다른 예로 온라인 서점으로 출발한 아마존이 제공하는 전자책 '킨들Kindle'이 있다. 킨들은 전자책 디바이스와 관련 솔루션, 플랫폼 일체를 지칭한다. 기존의 물리적 형태를 가진 책이 가진 다양한 문제, 예를 들어 보관하거나 이동하기가 불편한 문제, 찾기 어려운 문제를 해결하면서 새로운 시장을 창출했다. 또한 카카오는 고급 외제

차를 기반으로 '카카오 택시 블랙'이라는 서비스 앱을 출시하여 '고급
승객운송 서비스'라는 경험을 제공하고 있다. 이와 같은 '서비스의 제
품화'에서 말하는 제품은, 제공되는 서비스의 물리적 표현으로, 서비
스 자체에 포함되는 특징을 갖는다.

맞춤화된 제품-서비스 통합

'제품의 서비스화'든 '서비스의 제품화'든, 모두 제품과 서비스의 통
합방식이 새로운 사업기회를 제공해주었다는 점이 중요하다. 하지만
제품이나 서비스 중 어느 쪽이 더 중요한 역할을 해야 하는지, 어떤
방식으로 비즈니스의 성장에 기여하는지에 대해서는 여전히 추상적
이다. 제품이나 서비스 중 한쪽의 역할 혹은 기능이 지나치게 강조되
면 변화하는 고객의 욕구에 유연하게 대처하기 어렵고 새로운 가치창
출이 제한될 수 있다.

이와 같은 문제를 어떻게 해결해야 할까? 4차 산업혁명 시대에 맞
는, 좀 더 지속 가능한 비즈니스모델을 만들기 위해서는 어떻게 해야
할까? 바로, 고객 관점에서 접근하는 '맞춤화된 제품-서비스의 통합'
을 시도해야 한다.

'제품-서비스 통합'의 방법은 '표준화'와 '맞춤화'라는 2가지 기준점
으로 구성된다. '표준화'는 제품의 소재나 부품, 제품을 만드는 방식
혹은 서비스를 생산하는 방식을 얼마나 표준적인 형태로 규정하고 관
리할 수 있는가에 관한 것이다. 표준화는 고객의 요구에 능동적으로
대응하기 위한 '모듈화'의 근원이 된다. 한편 '맞춤화'는 개별 고객이

가진 문제를 해결하기 위해 제품이나 서비스를 얼마나 쉽게 변형할 수 있는가 하는 문제다.

또한 제품과 서비스를 통합할 때, 맞춤화나 표준화를 서비스 생산 영역에서 실행할 것인지 아니면 소비영역에서 실행할 것인지를 결정하는 문제도 있다. 물론 서비스의 생산과 소비가 모두 '맞춤화'의 대상이 될 수도 있지만, 고객이 제공받는 서비스의 속성에 따라 생산영역이 더 중요한 경우도 있고, 소비영역이 더 중요한 경우도 있다. 이에 관해서는 서비스의 속성을 분석해 전략적으로 의사결정해야 한다.

이와 같은 기준에 따라 '제품–서비스 통합'을 했다면, 이를 통한 성장전략 프레임워크를 아래의 [그림05]와 같이 나타낼 수 있다. '맞춤화 생산'은 제품과 서비스가 고객의 필요에 따라 유연하게 통합될 수 있는 자원과 프로세스를 갖추고 서비스를 제공함으로써 고객들이 가

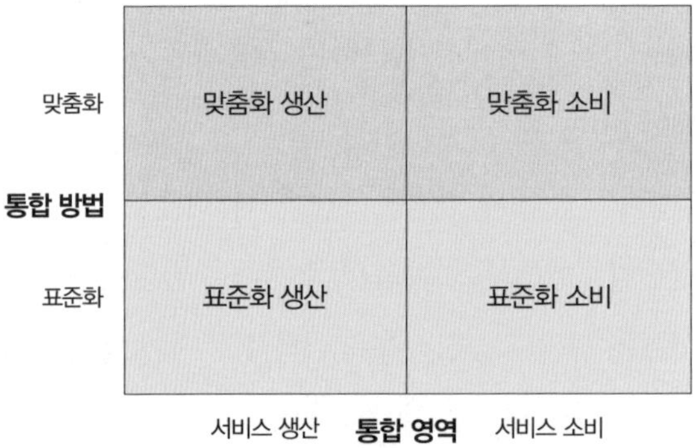

통합 방법	서비스 생산	서비스 소비
맞춤화	맞춤화 생산	맞춤화 소비
표준화	표준화 생산	표준화 소비

서비스 생산　**통합 영역**　서비스 소비

그림05 제품–서비스 통합을 통한 성장전략 프레임워크

진 문제를 해결하는 것이다. 그리고 '표준화 생산'은 표준화된 제품이나 서비스를 제공하지만, 고객이 필요와 상황에 따라 유연하게 사용할 수 있도록(예를 들면 마이크로소프트의 윈도우즈처럼) 만드는 것이다.

'맞춤화 소비'는 제품과 서비스의 통합을 통해 고객들이 서비스를 사용하는 과정에서 자신들이 원하는 형태로 유연하게 변경하고 수정할 수 있도록 하는 것이다. '표준화 소비'는 서비스를 표준화 혹은 패키지화함으로써 고객들이 서비스를 사용하는 과정을 더 쉽고 편리하게 만드는 것을 말한다.

'제품-서비스의 통합'은 기본적으로 '소유보다 사용'이라는 관점에 초점을 맞추고 있어 새로운 비즈니스모델의 출현을 촉진한다. '공유경제sharing economy'나 '구독경제subcription economy'가 대표적인 형태다. 공유경제는 제품이나 서비스를 소유하는 것이 아니라 이용하는 데 초점을 두는 것으로 우버나 에어비앤비 같은 비즈니스모델이 대표적이다. 구독경제 또한 소유보다 이용에 초점을 맞춘 것으로 일정한 금액을 서비스 이용료로 지불하고 스트리밍 서비스를 즐기는 넷플릭스가 대표적인 예다.

이처럼 4차 산업혁명 시대의 기업은 단일 제품이나 서비스를 중심으로 경쟁하던 과거와 전혀 다른, 완전히 새로운 패러다임으로 이동해야 한다. 특히 모든 제품이나 서비스가 온디맨드 형태로 제공되는 환경에서 기업이 경쟁력을 갖기 위해서는 기존의 모든 시스템을 온디맨드 서비스로 제공할 수 있는 형태로 바꾸어야 하고, 이에 따른 비즈니스모델을 새롭게 만들어내야 한다.

과거에 시장에서 성공한 기업들은 자신들에게 성공을 가져다준 기존의 프로세스를 가지고 있고, 자원 배분의 규칙을 만들어왔으며, 그에 맞는 역량을 구축해왔기 때문에 변혁적 시도를 거부하려는 경향이 강하다. 하지만 기존의 성공 방정식에 안주하지 않고 '제품-서비스 통합' 전략을 제대로 실행하는 기업만이 앞으로 4차 산업혁명에서 생존하고 시장을 선도할 수 있다.

무료경제와 양면시장으로 블리츠스케일링

'무료경제freeconomics'란 무료를 뜻하는 '프리free'와 경제를 뜻하는 '이 코노믹스economics'를 합한 용어다. '무료경제'는 디지털 기술이 확산되고 IT기기 보급이 일반화되면서 급격하게 확산되었다. 무료인데 기업은 돈을 어떻게 벌까?

디지털 플랫폼이나 관련 인프라를 구축하고 나면 추가로 상품이나 서비스를 제공하는 경우에도 비용이 거의 발생하지 않고 유지 비용만 든다. 이때 기업은 일반적인 서비스는 무료로 제공하고 프리미엄 서비스 등으로 수익을 창출할 수 있다. 이러한 방식으로 수익을 내는 것이 무료경제의 원리다.

무료경제에서는 기업이 가진 네트워크가 가치 창출의 기반이 된다. 예를 들어 어느 나라에 국민 중 1명만 전화기를 가지고 있다고 가정해보자. 이때 전화 네트워크의 가치는 0이다. 본질적으로 전화는 누군가와 연결하고 통화하는 데 필요하다. 그런데 아무도 통화할 사람이 없으니 가치가 있을 수 없다. 하지만 2명이 전화기를 가지고 있다면 각각 1의 가치를 가지게 되므로 네트워크의 가치는 2가 된다. 3명이 전화기를 가졌다면 가치는 3배 증가하여 6이 된다. 4명인 경우는 12, 5명이 되면 가치가 20이 된다. 그러다 100명의 국민이 전화기를 가지게 된다면 가치는 990으로 급격히 증가한다(네트워크의 가치는 사용자 수(n)에 사용자 수 빼기 1(n-1)을 곱해서(n*(n-1)) 계산한다). 이처럼 네트워크에 참여하는 사람의 수가 늘어날수록 네트워크의 가치가 기하급수적으로 증가하는 것을 '네트워크 효과'라고 한다.

무료경제의 대표적인 사례로는 포털 사이트들이 무료로 제공하는 이메일, 카페, 블로그 등과 유튜브, 페이스북, 트위터 등의 소셜 네트워크 서비스가 있다. 이들은 무료 서비스를 통해 이용자 수를 늘린 후, 광고 서비스를 통해 엄청난 수익을 거두기도 하고, 프리미엄 서비스를 제공하여 사용자들로부터 수익을 얻기도 한다.

과거에 1회용 면도기를 처음으로 개발한 질레트도 비슷한 전략을 썼다. 은행에서 통장을 새로 만들 때 자신들이 만든 1회용 면도기를 공짜로 주거나 다른 상품의 사은품으로 끼워주었다. 공짜로 제공해 이름을 널리 알린 것이다. 그런 방법으로 소비자들이 1회용 면도기의 편리함에 익숙해지게 만들고, 계속해서 스스로 구매하도록 유도했다. 이후에도 질레트는 면도기 본체를 무료 혹은 거의 무료에 가깝게 제공하고, 교체용 면도날을 구매하도록 하는 비즈니스모델을 통해 수익을 창출했다.

양면시장의 3가지 조건

무료경제는 일반적인 상거래보다 조금 더 복잡한 플랫폼 기반의 '양면시장'에서 그 진가를 발휘한다. 일반적으로 플랫폼에서는 판매자와 구매자가 모두 고객이 될 수 있는데, 구매자와 판매자 간의 거래가 이루어지도록 지원하는 플랫폼을 '양면시장two-sided market'이라고 부른다. 양면시장은 다음과 같은 3가지 조건을 갖는다.[14]

첫째, 상호연결이 필요한 둘 이상의 구분되는 고객그룹(시장)이 존재해야 한다. 둘째, '교차 네트워크 효과cross-side network effect'가 존재해야 한다. 하나의 그룹이 커지면 다른 그룹도 거기에 맞춰 성장하게 되며, 다시 이 효과가 다른 그룹의 효익에 영향을 미친다는 개념이다. 예를 들어 온라인 마켓에서 구매자가 많아지면 판매자가 모여들게 되고, 판매자가 많아지면 구매자들 역시 좀 더 좋은 조건으로 물건을 살 수 있어 더 많은 구매자가 몰려드는 것이다.

마지막으로, 두 시장 간의 직접 거래가 불가능하고 사업자가 가격 차별을 통해 양측을 관리할 수 있어야 한다. 즉, 두 시장 간에 직접적인 거래가 이루어지려면 높은 거래비용을 지불해야 하기 때문에 구매자와 판매자가 직접 거래하기 어려운 상황에서 플랫폼 사업자가 각 시장의 요구와 특성, 그리고 상호 관련성을 고려하여 차별적으로 지원하거나 이용료를 책정함으로써 경영상의 이익을 취할 수 있어야 한다. 넷플릭스 같은 OTT Over the Top Service 서비스, 카카오 택시, 카카오 대리운전, 배달의민족 같은 배달 서비스 등이 플랫폼 기반 양면시장에 해당된다.

다양한 양면시장의 사례 중 무료경제가 효율적으로 작용하는 대표적인 사례로 독자·작가·광고시장이라는 3가지 이해관계자로 구성된 웹툰시장을 들 수 있다. 웹툰산업의 옛 버전은 만화시장인데, 과거에는 작가와 출판사가 판권계약을 하고 만화를 제작, 인쇄, 판매하는 구조였다. 여기에서는 출판사가 작가와 독자를 연결하는 일종의 플랫폼 역할을 했다고 볼 수 있다. 그러나 이들 각 그룹 사이에는 네트워크 외부효과(network externality, 특정 재화를 사용하는 수요자가 늘면서 해당 재화의 가치가 급격하게 증가하거나 다른 사람의 수요에도 영향을 주는 현상)가 존재하지 않았기 때문에 출판사가 독자나 작가 그룹을 차별적으로 지원하거나 이용료를 다르게 책정할 이유가 없었다. 이 당시 만화시장은 양면시장이 아닌 일반적 공급사슬로 이해할 수 있다.

그러나 온라인 포털 사이트 회사들이 웹툰을 부가서비스 형태로 제공하기 시작하면서 웹툰산업 고유의 생태계가 형성되기 시작했다. 독자·작가·광고시장이라는 3가지 그룹을 모두 다루고 있는 웹툰시장의 비즈니스모델과 역할은 다음의 [그림06][15]에 자세히 나와 있다. 특히 웹툰시장은 독자에게 무료로 제공하는 부분과 프리미엄 서비스를 구분해 운영하고 있어 무료경제 개념을 잘 적용한 사례라고 할 수 있다.

양면시장이 가지는 3가지 특성에 맞추어 웹툰시장을 설명해보면 다음과 같다. 첫째, 상호연결을 원하는 독자·작가·광고시장이 존재한다. 둘째, 독자·작가·광고시장 간의 교차 네트워크 효과가 존재한다. 독자의 수와 그로부터 발생하는 트래픽, 작가뿐만 아니라 독자로부터 발생하는 콘텐츠의 양과 질은 광고매체로서의 가치와 직결된다. 또 독자수가 많고 광고시장이 잘 형성된 플랫폼에는 작가들 역시더 많이 몰려든다. 그렇게 되면 플랫폼은 더 좋은 콘텐츠를 더 많이

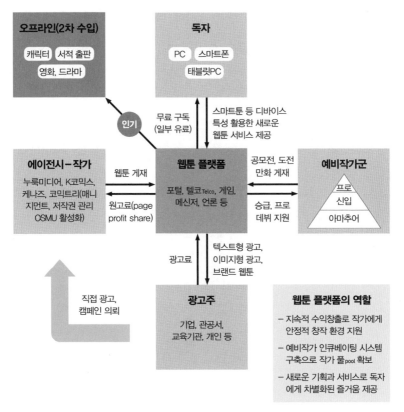

그림06 웹툰 플랫폼의 비즈니스모델과 양면시장에서의 역할

제공할 수 있다. 좋은 작가가 많고 좋은 작품이 많아지면, 고객의 숫자 또한 급격하게 증가한다. 고객의 수가 많아지면 광고를 원하는 기업의 수 역시 급격하게 증가하는 것도 명백한 사실이다.

　마지막으로 독자·작가·광고시장 간의 직접 거래가 거의 불가능하며 플랫폼 회사가 각 시장의 룰을 만들고 가격을 차별화하여 시장을 관리한다. 웹툰 서비스 기업은 독자에게는 무료로 작가의 컨텐츠를 제공함과 동시에 회원등급 승격 시스템을 제공하고, 작가에게는 이렇게 모인 잠재고객 자원과 함께 성과에 따른 적절한 보상시스템을 제공한다. 그리고 광고주에게는 광고대상의 개인정보를 활용한 맞춤형 광고상품을 제공함으로써 이 시장을 차별적으로 관리할 수 있다.

'규모의 경제'가
무의미해진 세상

정보기술과 운송기술의 발달은 전 세계를 더욱 작아지게 만들었다. 과거에 사람들의 움직임을 가로막았던 '물리적 거리'라는 제약을 없애고 있기 때문이다. 인터넷의 발달은 전자상거래뿐만 아니라 각국의 투자 장벽을 낮추고 자본의 이동을 촉진했다. 인터넷은 상품이나 서비스를 광고하고, 주문·지불·배송 등의 과정을 처리할 뿐만 아니라 상품과 서비스의 이동을 일반적인 오프라인 무역거래보다 훨씬 더 쉽게 만들었다.

3차 산업혁명에서 말하는 '글로벌화'는 인터넷이라는 연결망을 통해 상품과 서비스를 쉽게 이동시키는 것이 핵심이었다. 선진국에서 기술개발이나 디자인을 하고, 제조원가가 가장 저렴한 나라에서 만들어 판매하는 다층적 거래구조[16]가 만들어진 것이다.

하지만 4차 산업혁명에서의 글로벌화는 조금 다른 측면을 가진다. 기술의 고도화(자동화, 기계화, 인공지능, 빅데이터 등)로 어디든 생태계가 잘 정비된 곳이라면 얼마든지 저렴한 비용으로 제조와 생산이 가능해졌기 때문이다. 특히 시장이 있는 곳에서 생산함으로써 얻는 이익이 제조원가가 싼 곳에서 생산하는 것보다 상대적으로 높아졌다. 그러한 변화로 인해 제조업의 자국회귀 현상, 즉 리쇼어링reshoring 혹은 시장회귀 현상이 일어나고 있다. 이러한 측면에서 4차 산업혁명 시대에 세계 경제를 더욱 성장시키려면 국가 간 자유무역이나 사람과 자본의 자유로운 이동을 촉진하는 생산수단과 유통수단의 서비스화가 필요하다.

지금까지 '글로벌화'는 생산자에게는 더 큰 시장을 제공하고, 소비자에게는 다양한 선택의 기회를 제공했다. 때문에 글로벌화가 전 세계적으로 경제성장에 큰 역할을 해온 것도 사실이다. 앞에서 살펴본 바와 같이 4차 산업혁명은 '온라인화·디지털화·지능화'가 대표적인 특징인데, 거기에서 촉발된 온디맨드 서비스가 제대로 이루어지려면 생산과 서비스의 전방위적 통합과 유연한 생산·전달체계가 필요하다. 그래야만 기업은 고객이 원하는 시점에, 원하는 장소에서, 원하는 형태로 고객의 문제를 해결해줄 수 있기 때문이다.

한편에서는 4차 산업혁명이 생산효율을 극대화시켜 제조업의 자국회귀 현상을 촉진하기 때문에 '글로벌화' 역시 끝날 것이라는 견해도 있다.[17] 로봇, 인공지능, 3D프린팅 등 첨단 제조기술이 발달하면 인건비가 비싼 선진국도 경쟁력 있는 가격에 부품을 제조하거나 완제품을 생산할 수 있기 때문이다. 이렇게 되면 '글로벌 공급사슬'이라는 이름으로 원가경쟁력이 있는 지역에서 부품과 제품을 만들고 시장에 공급해오던 기존의 시스템이 무력해진다.

그 이후에는 어떻게 될까? 시장이 있는 한정된 지역 혹은 국가 내에서 첨단 제조기술을 활용하여 제품을 생산하고 소비하게 됨으로써 국제무역량이 급속히 감소할 가능성이 높다. 또한 전통적 제조공정에서는 하나의 공정에서 서로 다른 여러 제품을 만들려면 각각의 금형과 세팅이 필요했지만, 디지털 디자인과 3D프린팅 기술이 발전하면 하나의 기계만 가지고도 디자인과 설계가 다종다양한 여러 제품을 생산할 수 있다. 때문에 얼마든지 개인 맞춤화가 가능해진다.

기존의 경쟁우위는 '규모의 경제economies of scale'가 핵심이었지만 앞으로는 그 자체가 무의미해질 수 있다. 첨단 제조기술이 더욱 발전하고 광범하게 사용된다면 시장과 가까운 곳에서, 고객이 지불할 수 있는 적정한 가격에, 부품도 생산하고 완제품도 조립할 수 있기 때문이다. 이렇게 되면 결국 '글로벌화'의 특징인 '국제적 분업' 역시 불필요해진다는 주장이다.

하지만 4차 산업혁명이 글로벌화에 종말을 가져올 것이라는 주장을 면밀히 살펴볼 필요가 있다. '글로벌화'가 물리적 거리의 제약을 극복하는 것만 뜻하는 걸까? 실제로 '글로벌화의 종말'이라는 주장 또한 첨단 제조기술과 정보기술에 기반한 유연 생산체제와 제품·서비스 전달체계의 진화로 다양한 고객의 문제들이 국경을 초월해 다양한 시장참여자들에 의해 고객들이 원하는 형태로 해결된다는 점에 집중한다. 그러한 점을 고려할 때 '글로벌화의 종말'은 세계가 더욱더 좁아짐을 역설하는 셈이다.

4차 산업혁명의 글로벌화는 기업이 설계한 제품을 사전에 만들어서 판매하는 기존의 푸쉬push방식 수출형태에서 디지털 플랫폼을 중심으로 고객에게 맞는 상품과 서비스가 국경을 넘어 제공되는 풀pull 방식으로의 전환을 의미한다. 글로벌 온디맨드 경제체제에서는 생산과 판매의 네트워크가 수평적 형태로 통합되고 디지털 플랫폼에 탑재되어 고객의 문제를 해결하거나 제품을 판매하는 풀방식의 수출로 그 무게 중심이 이동한다. 이러한 변화는 무엇을 뜻할까? 대량생산을 통해 얻어졌던 과거의 '규모의 경제'가 아니라 유연하고 탄력적인 '개인화 생산'이 기업 경쟁력의 원천이 된다는 뜻이다.

공장이 없다고?
스마트팩토리에 맡기면 끝!

온디맨드 이코노미에서 '맞춤형 대량생산mass customization' 서비스를
제공하기 위해서는 개별 기업이 통제하는 단일한 공급사슬보다 전문
성을 가진 다양한 기업들의 참여를 장려할 수 있는 글로벌 공급사슬
이 필요하다. 디지털 트랜스포메이션은 사물인터넷을 통해 축적된
빅데이터를 클라우드 방식으로 공유하고, 이를 기반으로 상황을 분
석하여 생산과 판매에 적절한 변화를 주는 생산·운영체계 구축을 가
능케 한다. 이처럼 유연한 생산·운영체계는 디지털 플랫폼 위에서 구
동되며, 특화된 역량만 가지고 있다면 소규모 자본으로 창업한 개인
이나 벤처, 중소기업들도 참여할 수 있다. 특히 최근에는 디지털 디
자인, 3D프린팅, 그리고 소재기술의 발달로 디지털 도면을 만들어
전송하면 언제 어디서나 3D프린터로 즉시 제품제작이 가능해졌다.

때문에 자본이 없어도 창의적인 아이디어를 가진 개인이나 소규모 집단이 참여할 기회가 많아졌다. 이것이 바로 '스마트팩토리'다.

스마트팩토리는 한마디로 '개방형 제조 서비스'다. 그렇다면 스마트팩토리는 어디서부터 어디까지, 무슨 일을 어떻게 할까? 먼저 스마트팩토리가 혁신하는 범위를 살펴보자. 디지털 디자인과 3D프린팅을 기반으로 맞춤형 소량생산이 가능한 공정혁신으로부터, 공정 전체에 걸친 제품 혹은 장비의 유지관리, 판매된 제품을 기반으로 한 고객 서비스 접점 확보, 지속적인 A/S 지원까지 광범위하게 확대되고 있다.

이러한 변화를 토대로 스마트팩토리는 제조 기반이 없는 기업에 맞춤형 소량생산 서비스를 제공한다. 예를 들어 미국 쿼키Quirky는 디지털 플랫폼 기반의 생산 서비스 제공업체다. 사람들로부터 아이디어를 받고, 투표를 통해 아이디어를 선택한 다음 하드웨어를 제작한다. 또한 페블Pebble은 크라우드 펀딩을 통해 모은 자금으로 전문 제조사들과 협업해 스마트워치를 개발하기도 했다.

이와 같은 '개방형 제조 서비스'는, 글로벌 공급사슬에 기반해 수요 기업이 플랫폼을 통해 제품제작을 의뢰하고, 스마트공장에서 제품을 생산해서, 온라인 마켓플레이스를 통해 제품을 전달하는 형태로 진행된다. 글로벌 공급사슬이 디지털화되고 실시간으로 연결되면 디지털 제조 서비스 플랫폼으로 진화하게 되고, 참여자들은 플랫폼에 연결된

다양한 스마트 기기들을 활용해 언제 어디서나 제품이나 서비스를 디자인하고, 고객에게 특화된 형태로 만들어낼 수 있다. 이렇게 만들어진 제품이나 서비스는 다양한 시장에서 자유롭게 판매되고, 결과적으로 새로운 디지털 생태계가 구축된다. 지멘스의 스마트 제조 서비스 2025 Smart Manufacturing Service 2025를 소개하는 다음 페이지의 [그림07]이 스마트팩토리의 전체적인 흐름과 개요를 잘 설명하고 있다. [18]

지금까지 설명한 개별 기업 중심의 공급사슬 붕괴와 새로운 글로벌 공급사슬의 등장은 글로벌 가치사슬GVC, Global Value Chain의 고도화를 촉진한다. 이는 대기업이 통제하는 수직적 가치사슬이 아니라 역량을 가진 기업 간의 수평적 협력 네트워크로서, 글로벌 가치사슬이 고도화될수록 활성화된다. 이제까지 중소기업은 대부분 대기업의 수직적 가치사슬에 속한 수동적 참여자였다면, 4차 산업혁명 시대에는 중소기업 또한 네트워크 협력 등을 통해 기술, 생산, 경영방식을 혁신하고 독자적인 시장을 개척하는 능동적 참여자가 된다.

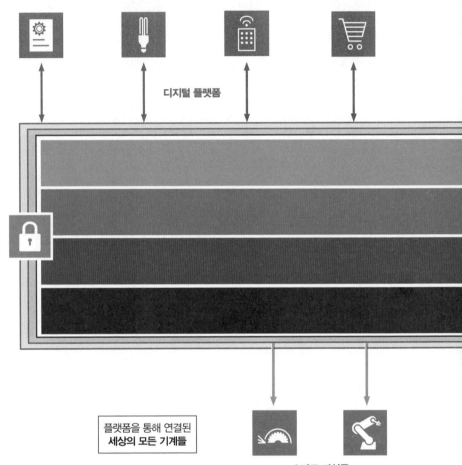

신비즈니스모델
예를 들면 생산능력과
제조 데이터 거래 등

참여자 커뮤니티
혁신적인
제품 아이디어 창출

인지능력
원격접속을 통해
현장활동 인지

전자동 마켓플레이스
서비스 제공자용

디지털 플랫폼

플랫폼을 통해 연결된
세상의 모든 기계들

스마트 머신들

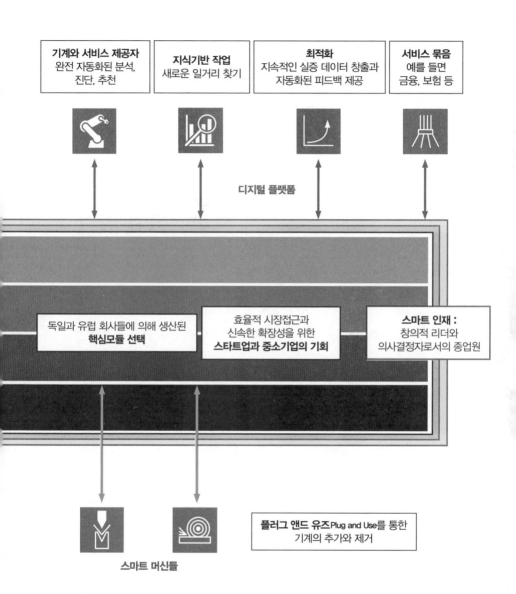

기계와 서비스 제공자
완전 자동화된 분석,
진단, 추천

지식기반 작업
새로운 일거리 찾기

최적화
지속적인 실증 데이터 창출과
자동화된 피드백 제공

서비스 묶음
예를 들면
금융, 보험 등

디지털 플랫폼

독일과 유럽 회사들에 의해 생산된
핵심모듈 선택

효율적 시장접근과
신속한 확장성을 위한
스타트업과 중소기업의 기회

스마트 인재 :
창의적 리더와
의사결정자로서의 종업원

플러그 앤드 유즈 Plug and Use를 통한
기계의 추가와 제거

스마트 머신들

그림07 지멘스의 스마트 제조 서비스 2025 개요

대기업 공중분해가
현실화되고 있다

디지털 트랜스포메이션은 기업들이 사물인터넷 기술과 블록체인을 통해 데이터를 대량으로 축적하고 인공지능으로 상황을 분석해 효율적이면서도 유연한 생산체계를 구축하게 해주고 있다. 물론 여기에는 고객의 문제를 분석하고 설계하기 위한 '디지털 디자인 기술'과 스마트 기기를 운영하기 위한 '디지털 운영체계', 고객이 제품이나 서비스를 사용하면서 생기는 문제를 분석하고 거기에 대응하기 위한 '고객대응 시스템' 등이 포함된다.

이러한 체계는 앞에서 설명한 스마트팩토리, 즉 개방형 제조 서비스를 구현시켜준다. 스타트업 또는 중소기업이 인터넷을 통해 제품 제작을 의뢰하고, 스마트공장에서 제품을 생산해 온라인 마켓플레이스에서 판매하는 프로세스다.

이러한 과정에서 지금의 대기업은 어떻게 될까? 지금과 같은 수직 계열화된 공급자 중심의 대량생산 방식을 고수하는 대기업은 점점 입지가 약화되다가 궁극적으로 해체될 것이다. 그리고 그 자리를 각 분야에서 탁월한 성과를 내는 중소기업들이 플랫폼을 기반으로 재통합해 대체할 것이다. 사실 현재의 대기업은, '규모의 경제'를 확보하기 위해 혁신성보다는 운영효율성이 좋은 자원을 대규모로 모아놓은 집단 혹은 거래비용을 줄이기 위해 필요한 자원을 내부화한 조직에 불과하다.

앞으로는 개인 맞춤화 혹은 온디맨드 서비스로 진화하면서 대량생산에 의존하는 규모의 경제가 무의미해질 것이고, 규모의 경제가 무의미해지면 지금까지 공급자 중심의 대량생산에 의지해 경쟁력을 유지해온 대기업은 설 자리를 잃을 것이다. 각 분야에서 탁월한 성과를 내는 중소기업들이 플랫폼을 기반으로 재구조화되는 것은 당연한 수순이다.

창의적인 중소기업은 작은 시장에서 고객들의 문제를 발견하고 이를 재빨리 사업기회로 전환하는 데 탁월하다. 그리고 대기업처럼 대규모의 자원을 특화해놓은 것이 아니기 때문에 적은 비용으로도 시장의 변화에 빠르게 대응할 수 있다.

특히 온디맨드 이코노미에서는 고객이 원하는 시점에, 원하는 장소에서, 원하는 형태로 고객이 가진 문제를 해결해야 하기 때문에, 새로운 형태의 기업 간 혹은 산업 간 협업이 빠르게 이루어져야 한다. 몸집이 가볍고 민첩한 중소기업은 이러한 형태의 재통합에 더욱 빠르게 대응할 수 있고, 각자의 특별하고 다양한 역량들이 시너지를 일으켜 최대한 활용될 수 있다. 따라서 수평적으로 통합된 글로벌 가치사슬에서 높은 부가가치를 창출하고자 한다면, 기업들이 가진 핵심 기술력을 가장 잘 활용할 수 있는 플랫폼 기반의 생태계를 만드는 것이 필수다. 앞으로 그 중요도가 더욱 높아질 것이다.

기업들은 4차 산업혁명이 가져온 혁신적 기술과 다양한 기법들을 통해 경영효율성을 높일 수 있고, 고객을 더욱 잘 이해할 수 있는 수단 역시 더 많이 확보할 것이다. 좋게 보면 경쟁력이 높아지는 것이지만, 이러한 상향평준화가 지속되면 경쟁은 더욱 치열해질 수밖에 없다.

이러한 상황에서 기업의 핵심 경쟁력은 어디에서 나올까? 물리적 자원이 아니라 데이터와 알고리즘에서 나온다. 기업 간 경쟁은 개별적인 경쟁에서 플랫폼 간 경쟁으로 변화할 것이다. 플랫폼 간 경쟁에서 생존하려면 어떻게 해야 할까? 컴퓨팅 기능이 제품, 서비스 사용에 있어 핵심적인 역할을 수행하기 때문에 여러 기업이 다양한 협력관계를 이루어 데이터, 애플리케이션, 인프라 등을 잘 활용해야만 한다.

이처럼 기술적인 부분들이 플랫폼에 융합되어 여러 기업에 제공된다면, 기업이 풀어야 할 가장 중요한 고민은 다음과 같이 정의된다. 고객이 가진 문제를 이해하고 그 문제를 풀기 위한 솔루션을 만들어서 고객이 필요한 시점에, 필요한 장소에서, 필요한 형태로 제공하는 것이다.

이미 다양한 플랫폼이 일상생활에 깊숙이 침투해 누구나 쉽게 이용하고 있다. 카카오톡을 통해 친구와 대화하고 게임도 하며 선물도

주고받는다. 아마존에 들어가 언제든지 전 세계의 다양한 상품을 구입하고, 페이스북을 통해 뉴스와 광고를 접하고 지인들의 근황을 둘러본다. 오늘날 세계 경제를 움직이는 기업은 대부분 막강한 플랫폼을 보유하고 디지털 서비스를 제공한다. 이렇듯 '초연결'을 표방하는 4차 산업혁명 시대에 플랫폼의 중요성은 더욱더 높아질 것이다.

플랫폼 기업이 경쟁력을 가지기 위해서는 기존의 대기업보다 더 창의적인 비즈니스모델을 만들어낼 수 있는 혁신적인 기업들과 협력 관계를 효과적으로 구축해야 한다. 기존의 대기업은 자신들이 가진 과거의 지식과 성공경험의 틀 속에서만 움직이기 때문에 기존에 해왔던 일에 집중하려는 특성이 있다. 게다가 덩치가 크다 보니 의사결정 과정도 느리고 복잡하다. 혁신과는 거리가 멀거나 혁신을 하려 해도 제한적이다. 대기업이 혁신하기 위해서는 혁신적인 스타트업을 인수하거나 자신들이 하던 일들을 좀 더 창의적으로 수행할 수 있는 중소기업에 아웃소싱하고 자신들은 플랫폼으로 변신해야 한다. 그렇지 않으면 경쟁에서 도태되거나 아예 시장에서 사라질 수밖에 없다.

1, 2, 3차 산업혁명을 알아야 4차 산업혁명의 본질이 제대로 보인다

　인류의 삶은 기원전 7,000년 농업혁명을 시작으로 정치, 경제, 사회, 문화 등의 각 분야에서 일어난 수많은 혁명을 통해 발전해왔다. 특히 18세기에 일어난 산업혁명은 혁신적인 지식과 기술을 통해 인류의 삶을 더욱 윤택하게 만든 역사적 작품이다.

　일반적으로 산업혁명은 새로운 기술의 등장과 파괴적 기술혁신으로 인해 산업이 변화하고 동시에 사회체제에도 큰 변화가 나타나는 현상을 일컫는 말이다. 모든 산업혁명은 그 혁명을 촉발한 기술, 그리고 그 기술을 기반으로 한 새로운 산업시스템을 만들어냈고, 이 시스템은 새로운 경제와 사회질서, 그리고 문화를 탄생시키면서 인류의 진보를 이끌어왔다.

　산업혁명이란 용어는 1844년 독일의 철학자인 프리드리히 엥겔스가 창안한 것으로《잉글랜드 노동계급의 상황The Condition of the Working Class in England》에서 처음 사용했다. 이후 1884년 영국의 경제학자이자 역사가, 그리고 사회 개혁가인 아널드 J. 토인비가 《18세기 잉글랜드 산업혁명 강의Lectures on the Industrial Revolution of the Eighteenth Century in England》에서 이를 보다 구체화해 언급하면서 널리 사용되기 시작하였다.[19, 20, 21] 그는 1760년부터 1840년 사이 영국의 농업 및 가내수공업 경제가 기계 기반의 공업 경제로 변화한 과정을 '산업혁명'이라고 불렀다. 우리는 이를 '1차 산업혁명'이라고 부른다.

1차 산업혁명 : 증기기관과 기계화

1차 산업혁명은 18세기에 일어난 증기기관 기반의 기계화 혁명이다. 기존에는 인력이나 축력, 수력에 의존했던 생산방식에 혁명적 변화를 가져온 사건이었다. 영국의 섬유공업은 증기 동력기관을 활용하면서 거대 산업으로 진화했다. 이러한 산업생산성의 급격한 변화는 사회 전반의 구조를 크게 바꾸어놓았다.

유럽에서는 신흥 부르주아 계급이 등장하고 선거법이 제·개정되면서, 왕족과 귀족 지배체제가 무너지고 자유주의적 경제체제가 모습을 드러냈다. 공업화와 증기기관을 활용한 운송 시스템의 발달로 인해 농촌 인구의 대부분이 도시로 이주하면서 도시가 성장했고, 이렇게 성장한 도시는 새로운 산업과 기술을 만들어내는 원천이 되었다. 하지만 이러한 성장과정에서 대량의 석탄연료가 사용됨으로써 공해 문제가 심각해지고, 노동자에 대한 인권유린이 발생하기도 했다.

2차 산업혁명 : 전기에너지와 대량생산

2차 산업혁명은 19~20세기 초에 발생한 전기에너지 기반의 대량생산 혁명이다. 공장에 보급된 전기에너지를 사용해 컨베이어 벨트 기반 대량생산 체제를 만들어냈다. 기존의 가내수공업 구조가 대기업형 대량생산 구조로 탈바꿈한 것이다.

이 시기에 이루어진 대량생산의 가장 대표적인 예는 자동차다. 1900년대 초반 사람과 마차로 가득 찼던 도로는 불과 10여 년 사이에 사람은 도로 양쪽으로 밀려나고 자동차로 가득 차게 되었다. 이 과정에서 당시 마차를 중심으로 사업을 영위했던 운송사업자들은 순식간에 몰락했고, 새로운 운송서비스 기업들이 나타났다.

에디슨이 1879년에 백열등을 개발하고 전기 배송 시스템을 구축하면서 전기의 시대가 시작되었다. 이후 전화, 라디오, TV 등 전기에 기반한 새로운 제품들이 나오면서 사람들의 삶과 커뮤니케이션 방식 역시 변화하기 시작했다. 전기의 보급으로 사람들은 라디오, 전신, 전화 등을 사용하게 되었고, 이는 인류가 가진 시공간의 제약을 일정 수준 극복하게 해주었다.

2차 산업혁명은 생산과 운송에 직접적인 영향을 끼쳤던 1차 산업혁명보다 더 넓고 더 깊게 인류의 삶의 방식을 바꾸어놓았다. 물론 단점도 나타났다. 개인들은 좀 더 풍족한 삶을 살게 된 반면 석유 고갈과 함께 지구 온난화 등 다양한 환경적 문제가 생겨났다.

3차 산업혁명 : 인터넷과 지식정보

3차 산업혁명은 컴퓨터와 인터넷을 기반으로 하는 지식정보 혁명이다. 컴퓨터시스템의 사용은 생산활동의 효율성을 크게 향상시켜 인류의 생활은 전보다 더욱 윤택해졌으며, 인터넷을 기반으로 한 커뮤니케이션 기술의 발전은 정보의 수평적 교환을 일상화시켰다. 1946년 최초의 컴퓨터[22]인 애니악ENIAC이 개발되었고, 1976년 애플 컴퓨터, 1981년 IBM 호환용 PC, 그리고 오늘날의 노트북과 스마트폰이 만들어지면서, 컴퓨터는 점점 소형화되고 대중화되었다. 1947년 트랜지스터, 1958년 집적회로가 개발되면서 디지털화의 기반이 만들어졌다. 그 후 반도체의 소형화로 각종 장치들이 디지털화되기 시작했고, 산업용 로봇 등의 출현으로 산업 자동화가 급격하게 이루어졌다.

인터넷은 1969년 알파넷ARPANet을 시초로 1994년 최초의 상용 웹 브라우저인 네스케이프가 출시되면서 대중화되기 시작했으며, 이제는 없으면 안 될 매우 중요한 커뮤니케이션과 비즈니스 수단으로 자리 잡았다. 1973년 DNA 재조합 실험에 성공하면서 시작된 생명공학 기술 또한 인간의 수명을 늘리는 매우 중요한 기술적 단초를 제공하고 있다.

이러한 기술과 시스템의 발전은 독점적 '소유'를 기반으로 했던 수직적 사회·경제 시스템을 수평적 구조로 재편했다.[23] 인터넷을 통한 정보의 공유는 수많은 사람을 수평적으로 연결하며 '분산·공유·협업'

구분	1차 산업혁명	2차 산업혁명	3차 산업혁명	4차 산업혁명
시기	18세기 중반 이후	19세기 이후	20세기 후반 이후	2010년대 중반 이후
시스템	대량운송	대량생산	컴퓨터 정보화 및 자동화 생산	온디맨드 서비스
기술동인	증기기관, 방직, 제련	전기에너지, 컨베이어 벨트	컴퓨터, 인터넷, 반도체, IT, 로봇	CPS, 융합, ICT, IoT, AI, 빅데이터, 클라우드, 소재, 모바일
주요 업무형태	단순 반복	노동 분업	단순 반복업무 감소와 생산성 향상	창조적 업무
산업구조	기계식 생산설비	전기를 통한 대량생산	IT와 기술을 통한 자동화 진화	지능화 및 효율화
생산구조	생산성 향상	소품종 대량생산	다품종 소량생산	다품종 맞춤화
생산통제	사람	사람	사람/컴퓨터	컴퓨터
소통방식	책, 신문 등	전화기, TV 등	인터넷, SNS 등	IoT, IoS 등
생산방식	기계식 생산설비, 기계화 생산	조립라인, 대량생산	부분적 자동화 생산	자동화 생산, 스마트 제조 서비스
주도국가	영국	미국, 독일, 프랑스	미국, 독일, 일본	독일, 미국
의미	열에너지를 전환해 기계를 작동시키는 동력원 확보	내연기관, 강철제조, 전기 산업 등 기술발전	디지털 혁명 및 실시간 관계성 창출	영역 간 융합 및 사람, 사물, 공간 초연결 사회
영향	계층화, 도시화, 기반시설 촉발 (다리, 항만 등)	공업화, 분업화, 효율화, 규모의 경제, 소비주의 등장	협력적 네트워크 기반 비즈니스 생태계 조성, 시스템 기반 자동화	공유경제 및 지식 창출 가속화, 육체적 노동수요 감소

그림08 산업혁명 변천사

의 가치를 높이고 있다.

여기에 더해 정보와 지식이 급격하게 축적되면서 과거 산업혁명 시기의 절대적 에너지원인 화석연료에 대한 의존도를 낮출 수 있는 풍력·지열·태양광 및 태양열 등 신재생 에너지의 활용도를 높이며 에너지 혁명을 촉발시키고 있다.

3차 산업혁명은 정보화 및 에너지 혁명을 통해 서로 다른 분야의 기술과 지식의 융합을 촉진했고, 비즈니스의 서비스화, 글로벌화를 견인했다. 하지만 급속한 정보화와 첨단기술의 발전으로 인해 정보보안, 생명윤리 등에 관한 광범위한 사회문제가 야기되기도 했다.[24]

PART 2

온디맨드 이코노미,
이미 와버린 미래

공유경제, 구독경제 위에
온디맨드 이코노미가 있다

대량생산을 중심으로 하는 '규모의 경제'에서 기술력과 스피드, 유연성을 중심으로 하는 '온디맨드 이코노미'로 경제의 패러다임이 바뀌고 있다. 그 변화의 중심에 디지털 트랜스포메이션이 있다.

앞에서 내내 이야기했던 '온디맨드'의 사전적 정의를 살펴보면 '요구에 따라서', '요구만 있으면'의 뜻으로, 한마디로 '요구형'이다. 이것은 제품, 서비스를 고객의 니즈에 맞게 제공하는 '개인화personalization'나 요구에 맞게 수정해주는 '맞춤화customization'보다 더 적극적이고 공격적인 의미다.

이 책에서는 온디맨드를 '고객이 원하는 시점에, 원하는 장소에서, 원하는 형태로 고객이 필요로 하는 무엇인가를 제공하는 것'으로 정의한다. 한편 '경제'의 사전적 의미는 '재화나 서비스를 생산하고, 교

환하며, 소비하는 인간의 모든 활동'이다. 따라서 두 단어를 합친 '온
디맨드 이코노미'는 소비자가 원하는 시간에 원하는 장소에서 원하는
형태로 생산과 유통, 소비가 일어나는 경제를 의미한다.

이미 일상을 파고든 온디맨드 서비스

전통적인 산업경제에서 기업은 공급자인 자신들의 의도대로, 자신
들의 스케줄에 따라 재화를 생산해 수요자에게 판매하는 것을 기본적
인 원칙으로 삼았다. 하지만 온디맨드 경제에서는 공급자가 아니라
수요자의 의도와 스케줄이 중요하다. 공급자인 기업은 수요자가 자
신의 문제를 해결하는 데 필요한 제품이나 서비스를 '수요자가 원하
는 시점에, 원하는 장소에서, 원하는 형태로' 제공해야 한다. 기본적
인 원칙이 바뀐 셈이다.

또한 기존의 산업경제에서는 제품 혹은 서비스를 공급하는 주체가
오로지 기업뿐이었다면, 온디맨드 이코노미에서는 공급자의 범위가
폭발적으로 확대된다. 온디맨드 서비스 플랫폼을 활용하면 유휴 시
간, 자원, 능력을 가진 개인까지 모두 공급자가 될 수 있기 때문이다.
이와 같은 현상은 인공지능, 디지털트윈digital twin, 빅데이터, 사물인터
넷, 클라우드 컴퓨팅, 3D프린팅, 로봇, 모바일 기술 등 디지털 기술
이 스마트팩토리나 스마트 서비스의 형태로 전통적인 산업영역을 혁
신하고, 사회·문화·보건 등의 영역과 융합되면서 나타나는 현상이다.
특히 모바일 기술과 소재 기술의 발달은 제품과 제품, 제품과 서비
스, 서비스와 서비스를 연결하고, 고객과 서비스를 연결해 시간적·공

간적 제약을 해소한다.

온디맨드 이코노미는 즉시성, 편리성, 가격 적정성과 같은 장점을 기반으로 지속적으로 활성화되고 있으며 제조와 서비스의 경계뿐만 아니라 기업 간 경계, 기술 간 경계도 허물고 있다. 사실 우리는 이미 일상생활에서 다양한 온디맨드 서비스를 수없이 많이 이용하고 있다.

이미 '배달의민족', '요기요' 같은 배달 앱을 많이 사용하고 있을 것이다. 한밤중에 치킨 생각이 날 때, 스마트폰 터치 몇 번이면 주문이 끝난다. 잠시 후 치킨이 고소한 냄새를 풍기며 현관문 앞으로 온다. 수요자가 원하는 시간과 장소에 원하는 음식이 오는 것이다. '쏘카' 역시 마찬가지다. 친구들과 놀러 가기 위해 자동차가 필요하다면, 지금 내가 있는 위치에서 가장 가까운 곳에 주차된 차를 검색해 빌려서 타면 된다. 온디맨드 자동차 대여 서비스다. 스마트폰으로 자동차의 문을 열고 닫을 수 있어서 사용의 편의성 또한 높다. 미국의 '핸디Handy'는 2007년 설립된 가사노동 서비스 기업으로 가사노동 전문가들과 고객을 연결시켜주는 서비스를 제공한다. 고객들은 언제든지 필요한 곳에서 가사노동 서비스를 제공받을 수 있다.

제조영역에서도 '버드시즈Budsies'의 맞춤형 봉제인형 제조와 같은 시도가 끊임없이 일어나고 있다. 버드시즈는 세상에 단 하나밖에 없는 인형을 선물한다는 컨셉으로 아이가 그린 그림을 온라인으로 보내면 똑같은 봉제인형으로 만들어주는 서비스다. 디지털 디자인과 패터닝, 디지털 프린팅과 커팅, 그리고 봉제를 통해 상상에서만 가능했던 일을 현실로 만들어 폭발적인 인기를 끌었다.

실패한 사례이긴 하지만 줌 피자Zume Pizza는 배달하는 동안에 트럭 안에서 피자를 굽는다. 가장 따뜻하고 맛있는 피자를 배달하고자 한 서비스였다. 그리고 아디다스 스피드팩토리는 고객의 체형에 꼭 맞는 신발을 원하는 소재, 원하는 디자인으로 만들어, 원하는 시간에 전달하는 비즈니스모델을 선보였다. 아디다스 스피드팩토리는 뒤에서 따로 자세히 설명할 예정이다.

제조영역의 비즈니스모델들은 기본적으로 기술에만 의존하는 특성이 있는데, 혁신에 성공하기 위해서는 제품이나 서비스의 품질, 그리고 비즈니스를 잘 이해할 수 있는 인적 역량개발에 대해서도 충분히 고려해야 한다.

대여나 교환으로 서로 편익과 이윤을 얻는 공유경제

4차 산업혁명이 가져온 비즈니스모델의 변화 중 가장 많이 언급되고 있는 것이 공유경제, 구독경제, O2O 비즈니스모델이다. 이 용어들은 온디맨드 서비스와 유사해 가끔 혼용되기도 하지만 엄밀하게는 온디맨드 경제의 하위개념이다.

공유경제는 이미 생산된 재화나 제품을 여럿이 함께 공유하여 사용하는 '협력적 소비경제'를 일컫는다. 즉, 특정 주체가 소유하고 있으나 활용하지 않는 물건, 지식, 경험, 시간 등의 유·무형 자원을 대여하거나 교환함으로써 서로 편익과 적정 이윤을 얻는 경제활동을 뜻한다. 이처럼 공유경제는 필요한 재화 등을 공유하는 방식으로 다양한 사람들이 이용하게 함으로써 재화나 제품의 사용가치를 높일 수 있다.

결과적으로 공유경제는 인간관계의 확장과 협력적 소비를 가능하게 한다. 더불어 공급자 입장에서 보면 보유한 재화를 효율적으로 활용함으로써 부가가치를 창출할 수 있다. 공유경제 모델은 대부분 온라인 플랫폼을 기반으로 이루어지기 때문에 시장을 확보하기 위해서는 온라인 플랫폼을 구축할 필요가 있다. 공유경제 비즈니스모델 및 수익 메커니즘은 [그림09]와 같다.[25]

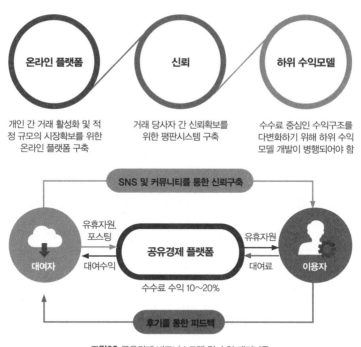

그림09 공유경제 비즈니스모델 및 수익 메커니즘

정기적으로 비용을 지불하고 서비스를 이용하는 구독경제

구독경제는 재화나 제품, 혹은 서비스를 많은 사람이 공동으로 사용할 수 있다는 측면에서 공유경제와 유사하지만, 소비자가 정기적으로 비용을 지불하고 서비스를 이용한다는 점이 다르다.

구독경제는 크게 3가지 형태로 구분되는데, 구독료를 지불하면 제한 없이 서비스를 사용할 수 있는 '무제한 서비스', 배송받을 날을 지정하면 정기적으로 배송되는 '정기 배송 서비스', 그리고 특정 제품을 이용한 후 반납하는 '렌탈 서비스'가 있다. 무제한 서비스형의 대표적인 예는 '넷플릭스', '스포티파이', '멜론' 등 동영상이나 음원 스트리밍 서비스들이다. 책을 무제한으로 읽을 수 있는 '밀리의 서재'나, 미용 서비스를 마음껏 사용할 수 있는 '월간헤어' 등도 있다. 구독경제의 선두주자인 넷플릭스는 최소 7.99달러를 내면 영화를 포함한 영상 콘텐츠를 제한 없이 즐길 수 있다.

정기 배송 서비스는 과거부터 신문이나 잡지 등이 많이 활용했지만 최근에는 면도날, 칫솔, 영양제, 애견 간식, 생수, 채소 등 생활필수품과 식음료 영역에서 활발하게 이용되고 있다. 매달 1달러를 내면 면도날 5개를 정기적으로 배송해주는 미국의 '달러 쉐이브 클럽', 양말을 정기적으로 배송해주는 영국의 '삭스 클럽', 꽃을 보내주는 '꾸까' 등 다양한 영역에서 비즈니스가 이루어지고 있다.

렌탈 서비스형은 자동차, 전자제품, 명품 가방이나 의류 등 비교적 고가의 제품을 중심으로 운영된다. '클로젯셰어'는 명품 의류와 가방을 빌려주는 서비스를 제공하고, 코웨이는 가전제품이나 침대 매트리스를 렌탈해준다. 기아자동차가 선보인 '기아플렉스 프리미엄'은 월단위로 요금을 지불하면 K9, 스팅어, 카니발 하이리무진을 매월 바꿔 탈 수 있다. '제네시스 스펙트럼', '현대 셀렉션', '올 더 타임 미니'처럼 자동차 회사에서 자사의 차를 대상으로 운영하는 서비스도 있지만, 쏘카의 '쏘카 페어링'이나 '카로Caro' 등 스마트 모빌리티 플랫폼 회사가 다양한 자동차 제조사들의 특색 있는 차종을 보유하고 렌탈 서비스를 하는 경우도 있다.

이러한 구독경제는 소비자 입장에서는 상대적으로 저렴한 가격에 다양한 제품을 편리하게 경험할 수 있고, 기업 입장에서는 안정적으로 수익을 창출할 수 있어 점점 더 빠르게 확산되고 있다.

온라인의 편리함과 오프라인의 즉시성을 결합한 O2O

O2O는 온라인과 오프라인의 마케팅 채널을 융합해 소비자들의 구매를 더욱 빠르고 편리하게 만들어주는 새로운 비즈니스모델이다. 온라인 서비스를 통해 오프라인 구매를 유도하거나, 반대로 오프라인에서 경험이나 정보를 제공한 후에 최종적으로 온라인 구매를 유도하는 방식이다. 예를 들어 아마존의 오프라인 서점인 '아마존북스'에 가보면 온라인 서점에 독자들이 올린 리뷰를 중심으로 매장에 책을 진열해두었다. 스타벅스의 사이렌 오더 역시 O2O의 좋은 사례다. 줄을 서서 주문하거나 할인 또는 포인트 적립을 위해 여러 장의 카드를 들고 다닐 필요가 없도록 앱으로 미리 주문하고 찾아가는 시스템을 만들었다. 온라인의 편리함과 오프라인의 즉시성을 결합해 고객

의 불편을 해소한 것이다.

또한 '레고 퓨전Lego Fusion' 서비스는 레고 모형을 만든 후 사진을 찍어 앱에 올리면 커뮤니티를 생성하고 게임도 할 수 있도록 한 서비스다. 온라인 비즈니스 거대기업인 알리바바가 O2O 비즈니스를 위해 중국 최대 소매업체인 가오신 그룹과 중국 최대의 체인 백화점인 인타임 백화점을 인수했다. 이 역시 온라인과 오프라인을 잘 결합한 대표적인 O2O 비즈니스 사례다.

O2O 최강자
아마존 집중 분석

O2O를 비즈니스에 가장 잘 적용하고 있는 회사로 아마존을 꼽을
수 있다. 아마존은 아마존 대시 버튼, 아마존 대시 완드, 아마존 프레
시, 아마존 고go, 아마존 키key 등 다양한 O2O 비즈니스모델을 선보
이고 있다.

세탁기를 돌리려는데, 세제가 거의 다 떨어졌다면 어떻게 하겠는
가? '다음에 마트 갈 때 사 와야지' 하고 메모해두거나, 온라인 쇼핑
몰에 접속해 구입할 것이다. 그런데 만약 세탁기에 붙여놓은 버튼을
1번만 꾹 누르면 주문이 완료되고 집 앞으로 배송까지 완료된다면 어
떨까? 정말 편할 것이다. 이게 바로 아마존 대시 버튼이다. 세탁기,
냉장고, 커피머신 등에 붙여놓고 필요할 때마다 누르면 끝이다. 맥
주, 콜라, 비누 등 자주 이용하는 생필품, 식음료 등을 가장 편리하게

주문할 수 있다.

　이후 아마존은 유료 프라임 회원들이 집에서 사용할 수 있는 바코드 스캐너 대시 완드를 출시했다. 대시 완드를 들고 기존에 구입한 제품의 바코드를 스캔하면 아마존 쇼핑몰과 연동되어 자동으로 주문되는 방식이다. 집에 있는 상품의 바코드를 찍는 순간 해당 제품이 바로 장바구니에 담기고, 주문하면 미리 설정해둔 결제방법으로 결제까지 곧바로 완료된다.

　일반적인 온라인 쇼핑몰에서는 PC나 스마트폰으로 주문을 하려면 로그인을 하고 필요한 제품을 검색해서 선택한 다음 주문 및 결제 절차를 이어간다. 하지만 대시 서비스는 이러한 일련의 과정을 '버튼을 누르거나 바코드를 찍기만 하면 되는 것'으로 단순화시켰다. 특히 재구매가 빈번한 생필품부터 시작해 그 대상 품목을 확대했고, 버튼 하나로 온라인과 오프라인의 경계를 쉽게 허물어버렸다. 이후에는 대시 완드에 음성인식 AI 비서 알렉사를 탑재해 기기에 대고 필요한 물품을 말하면 자동으로 주문이 되도록 만들었다.

　아마존은 대시 사용자들의 이용내역을 분석해 소비자의 구매패턴을 파악하고 이 정보를 마케팅 등 다양한 부분에 활용한다. 아마존 홈페이지에 들어가 로그인을 하면 메인화면에 지난번에 구매한 제품이나 검색했던 상품들, 그와 관련된 추천제품들을 보여주는데, 그것을 보고 우리는 다양한 정보를 얻기도 하고 좀 더 쉽고 간단하게 물건을 구매할 수도 있다.

주문하기도 전에 출발하는 예측배송, 아마존 프레시

아마존 프레시 서비스는 신선식품을 직접 배송해주는 서비스로 아마존이 가지고 있는 배송트럭을 이용한다. 프레시 서비스의 대상은 식료품인데, 신선식품의 특성상 유통기한이 짧고 작은 충격에도 쉽게 훼손될 수 있다. 아마존 프레시 서비스는 고객이 주문할 필요도 없다. 고객의 개입 없이 센서를 활용해 특정 신선식품의 양이 일정 수준 이하로 내려가면 바로 주문이 이루어진다. 아마존은 자신들의 유통능력을 최대한 활용해 이러한 문제를 해결하고 당일배송을 지향한다.

아마존은 이러한 배송 서비스를 '예측배송anticipatory shipping' 서비스라고 명명했다. 예측배송은 문자 그대로 고객이 주문을 하기도 전에, 구매이력 데이터를 활용해 구매 가능성을 파악한 뒤, 미리 물품을 포장해 고객과 가까운 물류창고나 배송트럭에 옮겨놓고, 고객이 실제로 주문을 하면 바로 배송하는 시스템이다.

계산대도, 계산원도 없는 원패스 서비스, 아마존 고

아마존 고는 일종의 무인매장으로 계산원도, 계산대도 없다. 사용자가 장을 보고 제품을 가지고 나가면 결제까지 끝나는 원패스 서비스다. 스마트폰으로 아마존 고 어플리케이션만 실행하면 이 모든 절차가 한 번에 해결된다. 아마존은 이 서비스를 위해 컴퓨터 비전(인공지능의 한 분야로 컴퓨터를 사용하여 인간의 시각적인 인식 능력을 재현하는 것)과 딥러닝 알고리즘, 센서 퓨전(여러 센서를 중복으로 탑재해 각종 센서 정보를 통합하고 서로의 장단점을 보완하는 것), 자율주행차 기술 등을 결합한 인공지능 기술을 적용했다.

고객이 매장에 들어와서 쇼핑하는 동안 상점 선반 위에서 자율주행 센서(카메라, 라이다, 레이더 등)를 내장한 원형 카메라가 고객의 동선을 따라다니면서 구매목록을 파악한다. 그리고 나서 고객이 매장을 나가면 앱에 등록된 해당 고객의 결제수단을 이용하여 판매금액을 처리한다. '줄을 서지 않아도, 계산대에 오지 않아도 좋다No Lines, No Checkout'라는 슬로건으로 아마존 고를 홍보하고 있다. 아마존 고는 쉽고 안전한 쇼핑, 결제 서비스를 통해 고객에게 신선하고 편리한 쇼핑 경험을 제공하고, 기업에는 비용절감과 안전성 확보라는 혜택을 제공한다.

고객이 없어도 집 안까지 안전하게, 아마존 키

아마존 키는 고객이 주문한 상품을 집 안까지 배달해주는 새로운 배송방식이다. 이 서비스를 사용하기 위해서는 카메라와 스마트 도어락이 필요하다. 카메라와 스마트 도어락만 있다면 집을 비운 사이에 구매한 상품이 배송되었을 때, 배송된 상품을 현관 밖에 둘 필요 없이 집 안까지 안전하게 배달해준다. 배달원이 고객이 없는 집의 문을 열 때, 이 배달원이 맞는 사람인지를 확인하기 위해 예정된 시간에 정확한 배달원이 해당 주소로 찾아갔는지를 확인하는 암호화된 인증 프로세스를 사용한다. 이 프로세스를 통과하면 아마존 클라우드 캠이 녹화를 시작하고 스마트 도어락의 잠금이 해제된다. 아마존은 배달원이 고객의 집 안으로 들어가는 순간, 그 모습을 실시간 영상으로 고객의 스마트폰으로 보내준다.

　이 서비스는 고객에게 아마존의 배송서비스가 안전하다는 인식을 줄 뿐만 아니라 동시에 무거운 짐을 집 안으로 옮겨야 하는 어려움을 해결해준다. 기업 입장에서도 배송사고를 예방하고 안전하게 배달을 마칠 수 있기 때문에 고객 신뢰도를 향상시킬 수 있다. 아마존 키 서비스는 상품 배송뿐만 아니라, 청소, 애견 산책 서비스 등을 위해 고객의 집에 방문해야 하는 다른 업종에도 활용할 수 있다.

　공유경제, 구독경제, O2O 서비스 모두 기존의 제품 중심 비즈니스모델을 서비스 중심으로 바꿈으로써 고객들이 원하는 제품이나 서비스에 더욱 쉽게 접근하고 사용할 수 있도록 지원하는 비즈니스모델이다. 이러한 비즈니스모델들은 기업이 온디맨드 서비스를 제공할 수 있는 기반은 되지만 온디맨드 서비스 그 자체는 아니다. 온디맨드 서비스는 고객이 원하는 시점에, 원하는 장소에서, 원하는 형태로 고객의 문제를 해결하는 것이기 때문이다.

　결론적으로, 공유경제나 구독경제를 통해 자원의 유동성을 높일수록 고객들은 해당 자원을 좀 더 쉽게 사용할 수 있다. 또한 온라인과 오프라인이 더욱 강하게 결합될수록, 온라인에서 오프라인을 통제하기 쉬워지고, 고객이 원하는 시간·장소·형태에 꼭 맞는 서비스를 제공할 가능성이 높아진다.

'원가 < 가격 < 가치' 딜레마를 어떻게 해결할까?

앞에서 살펴본 바와 같이 온디맨드 이코노미에서는 거래 당사자들이 네트워크로 연결되어 있고 거래상의 신뢰를 확보할 방법이 제공된다. 제품과 서비스를 소유하지 않고도 사용할 수 있으며, 거래비용이 대폭 줄기 때문에 아무리 작은 수요라도 언제 어디서나 충족시킬 수 있다. 이러한 온디맨드 이코노미를 가능하게 만들어준 것이 디지털 트랜스포메이션이다.

기업은 자신들이 운영하는 프로세스를 통해 자원을 통합함으로써 고객의 문제를 해결하는 집단이다. 어떤 형태로 고객의 문제를 해결하든 이를 가능하도록 만들기 위해서는 자원과 자원의 통합과정을 통제해야만 한다. 따라서 온디맨드 서비스가 가능해지기 위해서는 자원이나 자원에 관한 정보, 그리고 이를 활용하는 프로세스가 표준화·

모듈화되어야 한다.

그런데 아날로그에서의 표준화나 모듈화는 한계가 있다. 온라인에서 오프라인을 통제할 수도 없다. 하지만 디지털로 바뀌면 자원과 프로세스의 표준화·모듈화가 가능해지고, 온라인에서 오프라인을 통제할 수 있다. 아래의 [그림10]은 통제의 수단과 범위에 따라, 디지털 기술활용이 어떻게 나눠지는지 보여준다.

아래 그림처럼 디지털 기술활용은 오프라인에서 정보의 수집과 가공, 활용을 원활하게 해주었던 '정보화'를 시작으로, 오프라인에서 프로세스를 '자동화'하거나 온라인으로 정보를 처리하고 공유하는 '디지털화'를 거쳐, '디지털 트랜스포메이션'으로 진화해왔다. 디지털 트랜스포메이션은 온라인과 오프라인을 완벽하게 결합해 온라인에서 오프라인을 통제할 수 있는 구조를 갖추는 것이다. 이를 위해서는 오프라인의 자원이나 프로세스가 '표준화·모듈화·디지털화'되어 있어야

그림10 디지털 기술활용의 진화

한다. 따라서 디지털 트랜스포메이션은 오프라인에 존재하는 물리적 자원과 프로세스를 완벽하게 디지털로 변환하고, 오프라인을 온라인으로 통제할 수 있도록 구조화하는 것이다.

앞에서도 여러 번 강조했듯이, 4차 산업혁명 시대에 온디맨드 서비스를 실현하기 위해서는 디지털 트랜스포메이션이 필수다. 아니, 필수 이상의 의미를 갖는다. 디지털 트랜스포메이션 없이는 온디맨드 경제의 성립 자체가 불가능하기 때문이다. 디지털 트랜스포메이션은 물리적 세계에 대한 디지털 통제를 기반으로 기존의 모든 조직구조, 조직문화, 비즈니스모델을 완벽하게 바꾸는 것이다. 실제로 지멘스나 어도비 같은 기업들이 이러한 변혁적 시도를 선도적으로 추진하고 있다.

'캐시카우'로 '스타'를 키워라?

디지털 트랜스포메이션은 특히 '가치value−원가cost 딜레마'의 해결이라는 측면에서 더욱 중요하게 여겨진다. 기업이 생존하고 성장하기 위해서는 2가지가 필요하다.

첫째는 기업이 고객으로부터 받는 제품이나 서비스의 가격이 반드시 생산하기 위해 투입하는 원가보다 높아야 한다(가격〉원가). 만약 가격이 원가보다 낮다면, 단기간은 기업이 생존할 수도 있지만 장기적으로는 도산할 수밖에 없다. 따라서 기업이 고객으로부터 받는 가격은 반드시 제품이나 서비스를 만들기 위해 투입한 원가보다 높아야 한다. 이것은 너무나 당연한 기업의 '생존법칙'이다.

둘째는 고객이 제품이나 서비스로부터 얻는 가치가 반드시 고객이 지불하는 가격보다 높아야 한다(가치>가격). 만약 고객이 얻는 가치가 자신이 지불한 가치보다 낮다면 고객들은 제품과 기업을 외면할 것이고, 기업의 성장엔진은 꺼지고 만다. 따라서 기업이 성장하기 위해서는 고객이 기업의 제품으로부터 얻는 가치가 반드시 자신이 지불한 가격보다 높아야 한다. 이것을 기업의 '성장법칙'이라고 한다.

여기서 말하는 '가치'는 고객이 제품이나 서비스를 활용하여 자신의 문제를 해결할 때 생긴다. 기업은 가치를 극대화하기 위해 고객 개개인이 처한 상황과 문제를 제대로 이해하고 개인화된 솔루션을 제공하면 된다.

하지만 전통적인 산업구조에서는 고객 한 사람 한 사람에게 개인화된 솔루션을 제공하는 것이 거의 불가능했다. 물론 가능하게 만들 수도 있겠지만 개인화된 솔루션을 제공하기 위해서는 생산 프로세스를 포함한 모든 업무 프로세스와 제조·운영 시스템을 바꿔야 한다. 그렇게 하려면 비용이 기하급수적으로 증가하기 때문에 '가치-원가 딜레마'에 빠지는 것이다.

전통적인 산업구조에서 기업이 이러한 문제를 해결하는 방법은 다음의 [그림11]과 같은 비즈니스 포트폴리오를 만드는 것이었다. '스타stars'는 새로운 솔루션을 의미하고 '캐시카우cash cows'는 현재 수익을 벌어들이는 솔루션이다. 캐시카우는 시장점유율이 높지만 성장성이 낮기 때문에 대량으로 생산해서 원가를 낮추고 경쟁우위를 가지는 전

략을 써서 가능한 한 많은 이익을 만들어야 하고, 스타는 시장점유율
도 높고 성장성도 좋지만, 현재는 투자단계라 이익을 만들어내지 못
한다. 기업은 새로운 솔루션인 스타를 키우기 위해 캐시카우로부터
벌어들인 이익을 투자한다.

　과거의 비즈니스 포트폴리오에서 기업의 경쟁력을 나타내는 가장
중요한 단어는 '시장점유율market share'이었다. 그런데 이 개념에는 사
람이 없다. 판매된 전체 상품 중 우리 회사가 판 것의 비중만 중요하
다. 누가 얼마나 샀는지, 얼마나 가지고 있는지는 중요하지 않다.

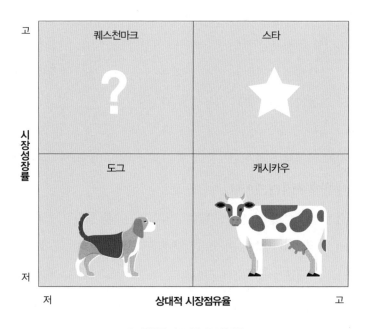

그림11 전통적 비즈니스 포트폴리오

문제는 '시장점유율'이 아니라 '고객점유율'

디지털 트랜스포메이션은 가치-원가의 딜레마를 기술적으로 해결한다. 디지털 트랜스포메이션은 물리적 자원과 프로세스를 표준화하고 모듈화하여 디지털로 재구조화하는 것이기 때문에 개인화된 솔루션을 고객이 수용할 수 있는 적정 가격에 만들어낼 수 있다. 디지털 트랜스포메이션은 대량생산의 약점을 극복하고, '대량 맞춤화mass customization'를 넘어, 개인화를 가능하게 하기 때문이다.

예를 들어, 앞에서 잠깐 소개한 미국의 버드시즈는 세상에서 하나밖에 없는 봉제인형을 적정한 가격에 만들기 위해 패턴제작, 샘플제작, 염색, 재단 등의 과정을 모두 디지털화하고 봉제만 사람이 수행하는 프로세스를 만들었다. 이렇게 하여 어린아이가 그린 그림과 똑같은, 세상에 하나밖에 없는 인형을 100달러에 만들어 팔 수 있었다. 다시 말해, 개인화된 솔루션을 제공해 가치를 극대화하고, 디지털 기술을 활용해 비용을 적정선으로 유지하는 혁신을 해낸 것이다. 버드시즈는 이러한 과정을 통해 가치-원가 딜레마를 해결했다. 여기서 중요한 것은 물리적 자원이 아니라 지식, 스킬, 역량 등이 내재된 디지털 자원이다.

온디맨드 시대의 기업 경쟁력을 나타내는 핵심단어는 시장점유율이 아니라 '고객점유율customer share'이다. 고객점유율은 고객 한 사람이 소비한 전체 금액 중 한 기업이 가져가는 금액의 비중을 말한다. 다음 페이지의 [그림12]는 지금까지 논의한 가치-원가 딜레마를 정리한 것이다.

산업적인 측면에서도 디지털 트랜스포메이션은 비즈니스의 패러다임을 제품 기반product based에서 서비스 기반service based으로 바꾸고 있다. 이제는 더 이상 소비자들이 자신들의 문제를 해결하기 위해 무엇인가를 '소유'하기를 원하지 않는다. 그보다는 필요한 시점에, 필요한 장소에서, 문제를 해결할 수 있는 서비스를 '사용'하고 싶어 한다. 이러한 변화는 온디맨드 경제에서 구체적으로 공유경제, 구독경제, 무료경제 등의 형태로 나타나고 있다. 어떠한 형태로 표현되든 온디맨드 경제를 구현하는 데 디지털 트랜스포메이션은 필수다.

디지털 트랜스포메이션은 사물인터넷 기술과 블록체인을 통해 축적된 빅데이터를 클라우드 방식으로 공유하고, 인공지능으로 상황을 분석해 생산 시뮬레이션을 가동하는 생산체계를 구축하도록 지원한다. 스마트 플랫폼이 구성되고 다양한 생산 서비스들이 디지털화되어 이 플랫폼에서 서비스된다면 공장이나 기계설비 같은 제조 기반을 보유하지 않은 기업들도 얼마든지 스마트팩토리를 통해 맞춤형 대량

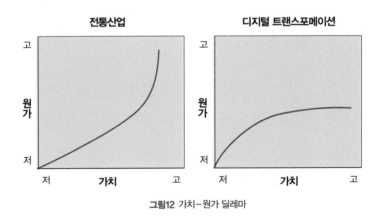

그림12 가치-원가 딜레마

생산을 할 수 있다.

앞서 살펴본 바와 같이 이를 '개방형 제조 서비스'라고 표현하는데, 스타트업 또는 중소기업이 인터넷을 통해 제작을 의뢰하고 스마트팩토리에서 제품을 생산해서 온라인 마켓플레이스를 통해 제품을 전달하는 형태다. 이 과정에서 발생하는 정보의 기록과 개인 간, 기업 간 거래는 블록체인으로 관리되고 통제될 것이다. 기업이 만들어내는 모든 제품과 서비스에는 기본적으로 컴퓨팅 기능이 핵심으로 탑재되고, 다양한 협력 네트워크 속에서 고객의 문제를 풀기 위해 작동된다.

미래 기업의 경쟁은 플랫폼 간의 전쟁

기존의 산업구조에서는 물리적 자원이나 지적 자원을 많이 가진 기업, 높은 자본집약도를 바탕으로 한 대량생산체제를 잘 갖추고 있는 기업, 그리고 자신만의 탄탄한 공급사슬을 잘 구축한 개별 기업들이 경쟁력을 가질 수 있었다. 여기서는 디지털기술이나 데이터가 기업의 프로세스를 지원하는 부수적인 역할을 수행했다.

앞으로 기업 간의 경쟁은 개별 기업들의 경쟁에서 데이터, 애플리케이션, 인프라 등을 포괄하는 플랫폼 간의 경쟁으로 변화하게 된다. 실제로 공유경제, 구독경제, 무료경제 등의 형태로 나타난 새로운 비즈니스모델들은 지금 이 순간에도 모두 플랫폼을 중심으로 경쟁하고 있다.

기술적인 측면이 플랫폼에 융합된다면, 앞으로 기업이 해야 하는 가장 중요한 일은 무엇일까? 기업은 이제 고객이 가진 문제를 이해하고, 그 문제를 풀기 위한 솔루션을 만들어서, 고객이 필요한 시점에 필요한 장소에서 필요한 형태로 제공하는 데 집중해야 한다.

결론적으로, 기업이 '디지털 트랜스포메이션'한다는 것은, 사물과 사물의 커뮤니케이션, 정보의 실시간 축적 및 분석, 제품의 서비스화와 서비스의 제품화를 통해 가치는 높이고 비용은 낮추는 혁명에 돌입한다는 뜻이다. 이것은 생존하기 위해 누구라도 해야만 하고, 할 수밖에 없는 혁명이다.

기업은 이제라도 자신들이 몸담은 산업영역에서 일어나고 있는 디지털 트랜스포메이션이 무엇인지를 고민하고 이해해야 한다. 또한 자원 사용에 있어 기존에는 제품의 형태(자원의 사전적 통합만이 가능하던 형태)로만 제공되던 것들을 고객이 필요로 하는 시점과 장소에서 제공할 수 있도록 서비스화(자원의 사후적 통합이 가능한 형태)하는 데 집중해야 한다. 이러한 과정에서 기존의 웹과는 완전히 다른 차원의 자원 취득, 통합, 활용을 위한 인프라로 새롭게 등장하고 있는 블록체인의 활용에 대해서도 관심을 가져야 할 필요가 있다.

초연결·초지능 시대, 어떤 서비스가 뜰까?

"회사원 A는 기상시간에 맞춰 배달된 신선한 생과일주스를 마시며 하루를 시작한다. 새벽에 딴 과일로 배달되기 직전에 즙을 낸 주스다. 출근 준비를 마친 후 집 앞에 대기하고 있는 우버를 타고 직장으로 간다. 출근하는 동안 차 안에서는 클라우드에 접속해 어제 출장지에서 작성한 문서들을 마무리한다. 업무를 마치고 집으로 돌아온 A는 조깅을 하러 나갈 채비를 한다. 항상 착용하고 있는 웨어러블 장치에서 오늘은 섭취한 칼로리 대비 운동량이 부족하니 1시간 정도 운동을 해야 한다는 알람을 보내왔기 때문이다."

이 이야기는 온디맨드 서비스가 실현된 미래를 보여주는 단편적인 모습이다. 그런데 사실 미래라고 했지만 별로 낯설지 않다. 이는 통신기술과 인공지능 등 기술적 변화에 '실시간화', '지식 집적화concentration' 같은 서비스 차원의 변화가 더해진 결과다. 기상시간에 맞춰 배달된 생과일주스와 출근시간에 맞춰 집 앞에 대기하고 있는 우버 등은 서비스 '실시간화'의 사례다. 신체의 움직임을 파악하고 필요한 운동량을 체크해주며 건강을 유지하도록 하는 지식의 집적화, 그리고 소프트웨어에 의해 통제되는 프로세스들, 이 모든 것들이 부드럽게 연결되고 통합되어 고객이 불편함을 느끼지 못할 만큼 자연스럽게 제공되는 것이 바로 온디맨드 서비스다.

'6단계 분리법칙Six Degrees of Separation'이라는 용어를 들어보았을 것이다. 지구에 있는 모든 사람이 최대 6단계 이내로 서로 아는 사람을 통해 연결될 수 있다는 뜻이다. 만약 내 친구가 300명이고 그 300명이 각각 300명의 친구를 가졌다면, 나는 한 다리만 건너도 9만 명과 연결될 수 있다. 이런 식으로 4단계만 거치면 연결될 수 있는 사람의 수가 총 81억 명이 되므로 70억 전 인류가 모두 내 이웃이 된다. 따라서 주변의 지인들과 그 지인의 지인들을 몇 단계만 거치면 지구상의 그 누구와도 연결된다는 말이다. 불과 수십 년 전에 생긴 인터넷과 소셜 네트워크, 글로벌화 등으로 인해 이것은 그저 이론적으로만 가능한 담론을 넘어 엄연히 현실에서 작동하는 법칙이 되었다.

초연결 - 시간, 공간, 경험의 3차원

앞서 여러 번 강조했듯이, 4차 산업혁명 시대는 '초연결'과 '초지능'을 기반으로 모든 것이 연결된다. 오늘날의 조직과 사회는 네트워크

안에서 핸드폰, 이메일, SNS 등 통신수단을 통해 다양하게 확장된다. 과거의 연결은 사람과 사람의 직접적인 연결이 대부분이었지만, 현재는 시간과 공간에 제약을 받지 않는 디지털 환경이 구현되면서 연결의 종류, 강도, 범위가 다양해졌다.

기존의 네트워크 사회에서는 시간time과 공간space이 압축된 2차원적인 환경에서 의사소통이 이루어졌다면[26] 오늘날의 초연결 사회에서는 시간과 공간뿐만 아니라 '경험experience'을 포함하는 3차원적 환경 속에서 광범위한 연결과 소통이 이루어지고 있다[27].

초연결 사회는 사람과 사람, 사물과 사람, 사물과 사물 등이 항상 연결되어 있다. 그래서 언제든 접근할 수 있고, 다양한 연결을 통해 정보와 영향력을 풍부하게 주고받으며 상시적으로 정보를 기록하고 보관하기도 한다[28]. 이러한 특징 때문에 조직 혹은 사회의 내외부에서 여러 경계가 허물어지고, 필연적으로 중앙집중형 관리 시스템에서 분권화된 시스템으로 옮겨가고 있다.

기술적인 측면에서 보면, 사람과 사람의 네트워크에서 사물에까지 확장된 네트워크로 진화하면서 네트워크의 형태와 특성이 더욱 다양해지고 독특해졌다. 이 네트워크는 정형 혹은 비정형 데이터들을 언제든지 활용 가능한 형태로 긴밀하게 연결하고 있다.

초연결 사회에서의 데이터는 과거의 데이터와는 양적으로나 질적으로나 그야말로 차원이 다르다. 동일한 대상에 대한 정형화된 데이터뿐만 아니라 인간·사물·기술·환경 등 다양한 측면의 데이터가 지속적으로 생성되기 때문이다. 요약하자면 초연결 네트워크는 센서와 사물인터넷, 제어관리, 소프트웨어 등을 통해 가치 있는 데이터를 대량으로 수집하고 축적할 뿐만 아니라, 고도의 처리능력을 가진 인공지능을 통해 데이터를 해석하여 시스템을 제어하고, 또 그것을 기반으로 새로운 서비스를 창출하게 해준다.

초연결 사회를 만드는 주요 요소로는 이미지 파악 센서(예를 들어, 스마트 기기, 디지털카메라, 의료영상 기기), 바이오 센서(예를 들어, 의료용 장비) 등 다양한 종류와 형태의 센서가 있다. 각종 센서를 통해 생성된 풍부한 정보들은 네트워크에서 발생하는 데이터들과 결합되어 다양한 응용서비스를 만드는 기초가 된다.

'초연결화'에 기반한 서비스의 대표적인 사례로 GE의 '사전 서비스before service'가 있다. 이 서비스는 센서를 통해 항공기 엔진을 지속적으로 모니터링하면서 이상 징후가 보이면 '언제까지 정비를 마쳐야 고장이 나지 않는다'고 알려주는 서비스다. 엔진을 사용하는 항공사 입장에서는 사고가 나기 전에 미리 정비하는 것이 사업적으로 큰 도움이 되고 엔진을 납품한 GE 또한 리스크를 줄일 수 있다.

초지능 - 지능화된 센서로 문제해결

'초지능(ambient intelligence, '어디에나 존재하는'이라는 뜻)'이란 무엇일까? '초지능화'는 2가지 특징이 있다. 첫 번째는 네트워크상의 모든 구성요소가 지능을 가지고 있다는 것, 두 번째는 개별지능을 통합·관리하는 역량을 가지고 있다는 것이다. 개별 구성요소의 지능이 아무리 뛰어나도 네트워크로 연결되고 통합되지 않으면 시너지 효과를 내는 데 어려움이 있다. 사물인터넷, 클라우드 컴퓨팅, 인공지능, 빅데이터 등의 개별 기술을 활용해 효율적으로 지능들을 통합하고, 전체를 볼 줄 아는 관점을 가져야만 효과적으로 상황에 대처할 수 있다.

이는 단순히 이런저런 센서를 이용해 이미지 등과 같은 단순 정보를 축적하는 것을 뛰어넘는다. 지능화된 센서는 물리적, 화학적 정보를 취합하고 이를 다른 물체나 네트워크와 결합해 더욱 강력한 지능을 만들고 상황에 적절하게 대처한다.

이러한 초지능화는 인터넷과 센서 등 1,000억 개의 디바이스를 연결하는 '초연결화'와 더불어 진화해가고 있다. 국적에 관계없이 다양한 객체들을 자유롭게 연결하며 새로운 지능형 시스템으로 진화해가고 있다는 말이다. 뿐만 아니라 이를 기반으로 수많은 기업이 사회적인 문제나 일상의 문제를 해결하기 위한 새로운 비즈니스모델을 창출해가고 있다.

초연결 시대 소비를 주도하는 C세대

초연결과 초지능을 활용해 새로운 비즈니스모델을 만들고 있는 기술 주도 그룹은, 디지털 기술에 익숙하고 다른 사물과의 연결을 추구하는, 사물인터넷 기술이 발전한 초연결 사회에서 태어난 'C세대'다. C세대는 유튜브 세대라고도 불리는데, 창조Creation, 콘텐츠를 재구성하고 배포하는 큐레이션Curation, 연결Connection, 공동체Community에 관심을 가진 밀레니얼 세대(1980~2000년에 태어난 사람들)의 80%를 차지하는 집단을 말한다.

C세대는 기존의 소비자와 다르다. '경험, 공유, 소통'을 중시하는 이 새로운 소비자 집단은, 그 규모가 기하급수적으로 커지고 있고 시장을 주도하는 새로운 세력이 되었다. 이러한 변화를 대수롭지 않게 여기는 기업, 이들을 붙잡지 못하는 기업은 이제 시장에서 살아남을 수 없다.

사물인터넷을 통한 '초연결'과 '초지능'을 기반으로 만들어지는 서비스 유형은 다음의 [그림13]과 같이 매우 다양하다.[29] 유망 서비스 분야로는 스마트 그리드, 스마트 농장, 스마트 공장, 커넥티드 카, 마케팅, 대금결제, 오락, 교육, 헬스케어, 차세대 은행, 의료관리, 디지털 쇼핑몰 등이 있다. '초연결화'는 사람과 사람뿐만 아니라 사물과 사물 그리고 사물과 사람의 연결로 이루어지는 강력한 네트워크를 말하고, '초지능화'는 초연결화에 기초하여 만들어진 데이터를 기반으로 한 사회 시스템의 의미적 재구조화라고 볼 수 있다.

초연결화와 초지능화는 산업의 구조를 바꾸는 중이다. 규격화된 제품을 만들어내는 제조업 중심의 대량생산 체제에서 소비자의 문제를 온디맨드 형태로 해결하는 체제로 말이다. 이러한 변화는 결국 기업의 변화만이 아니라 산업 그리고 궁극적으로는 사회체제에도 영향을 미칠 수밖에 없다.

유형	적용분야
위치추적	· 위치추적 시스템을 통한 사물 및 사람추적, 주문관리, 물류추적, 친구 찾기 등
자동차	· 차량제어, 자동비상 콜, 도난방지, 운임지불 등의 텔레매틱스 · 차량관리, 차량 및 운전자 안전, 내비게이션, 교통정보, 통행료, 주행거리 연계 보험, 원격진단 등 · ITS, 커넥티드 카, 운전자 없는 주행, 신호등 시스템 등 · 고속버스 차량관제 사업, 콜택시 사업, 시내버스 관제 및 도착안내 사업 등
원격관리 제어	· 가스, 물, 전기 등 사용량의 원격검침 · 고객관리, 수요관리, 실시간 과금 · 산업자동화, 센서, 조명, 펌프, 자판기제어 등
물류/유통/금융	· 물류관리 시스템, ATM, POS 시스템, 카드사의 휴대폰 결제 솔루션, 택배 서비스나 배달 서비스 등
보안/공공안전	· 무선보안 시스템, CCTV 보안, 감시 시스템, 빌딩 관리, 자연재해 모니터링 등
의료	· 혈압, 당뇨 등 개인건강 체크솔루션, U-헬스, 생체신호 모니터링, 노약자 및 장애인 지원, 원격의료 등
자산관리	· 자동판매기, 복사기, 디스플레이 기기에 대한 원격관리
가전	· 디지털 액자, 디지털 카메라, 전자책, 가정관리 허브 등
원격유지보수	· 교량, 빌딩 유지 모니터링 등
환경감시	· 대기오염 모니터링, 하천오염도 측정, 해수측정 등
기상청	· 기상 관측, 예보, 유관기관 정보 제공
보호관찰	· 관찰대상자 위치 확인, 전자발찌 부착 감시 등

그림13 사물인터넷의 대표적 서비스 유형

아디다스 스피드팩토리가
의미하는 것

　과거 제품 중심 경제체제에서 소비자들은 제품을 구매하여 소유하는 것을 당연한 일로 생각했다. 그것이 사실은 매우 불편하고 비효율적임에도 불구하고 말이다. 승차공유 서비스 '리프트Lyft'의 공동창업자 존 짐머John Zimmer는, 세계 주요 도시에서 자동차 사용시간을 분석해보면 90%를 주차장에서, 2%의 시간을 주차장을 찾는 데 쓰고, 실제로 도로에서 운행하는 시간은 4%에 불과하다며 자동차 소유의 비효율성을 갈파했다.

　과거에는 제품 자체가 귀했고 재화가 사회적 지위를 나타낼 뿐만 아니라 빌려서 사용하기가 어려웠다. 때문에 불편하고 비용이 많이 들어감에도 불구하고 소비자들은 소유를 선택했다. 하지만 지금은 제품이나 서비스의 종류도 많아졌고, 대여해서 사용하기에 편의성도 매우 높아졌다. 굳이 소유하지 않아도 필요한 때에 필요한 만큼만 쓸 수 있고, 소유에 따르는 비효율적인 측면이 사라져 오히려 비용도 적게 든다. 유지관리에 신경 쓰지 않아도 된다. 그러다 보니 소비자들이 이제 더 이상 제품을 구매하지 않고, 필요할 때만 사용하고 서비스료를 지불하기 시작했다. 이런 현상을 '소유에서 사용으로의 사용자 행동변화'라고 부른다.

문제해결을 위한 모든 것이 '서비스'다

'소유에서 사용으로'라는 개념을 이해하기 위해서는 우선 '서비스'가 무엇인지에 대해 정확히 짚고 넘어갈 필요가 있다. 왜냐하면 '제품을 사용한다'는 것은 '제품을 서비스로 이용한다'는 의미이기 때문이다. 일반적으로 제품은 '유형적'인 것으로서 소유한다는 특징이 강하고, 서비스는 '무형적'인 것으로 사용한다는 개념이 강하다.

그렇다면 새로운 시대의 서비스는 무엇으로 정의해야 할까? 서비스는 그동안 다양하게 정의되어왔다. '결과물이 유형적 제품이나 구조가 아닌 모든 경제적 활동', '한 경제 주체의 상태 및 환경이 다른 주체에 의해 바뀌는 것', 'A가 B에게 제공할 수 있는 활동이나 혜택으로, 무형적이며 소유할 수 없는 것이며 물리적 생산물과 결부될 수도 있고 그렇지 않을 수도 있는 것', '공동 생산자로서의 역할을 가지고 고객을 위하여 수행되는 소멸성, 무형성의 경험' 등이 그것이다.

서비스에 대한 이러한 정의는 기존의 제품에 대한 정의를 기준으로 서비스가 가진 상대적인 특징을 표현한 것이었다. 대표적인 서비스의 특징으로 꼽는 3가지가 '생산과 소비의 동시성simultaneity', '서비스 결과의 무형성intangibility', '서비스 간의 이질성heterogeneity'이다. 즉 제품과 비교했을 때 서비스는 생산되는 즉시 소비돼야 하므로 저장할 수 없고, 유형의 제품과 달리 만질 수도 없다. 또한 서비스를 받는 사람마다 다르고, 제공되는 서비스마다 다르다.

이런 전통적인 서비스의 정의는 서비스 자체의 특수성에만 초점을 맞추기 때문에 디지털 기반 경제에서의 '핵심 사용 메커니즘'으로서 서비스를 이해하는 여러 중요한 측면들을 간과하고 있다. 서비스가 '고객의 문제를 해결할 수 있는 솔루션을 제공하는 일련의 활동'이기 때문에, 서비스와 제품이 별개의 것이 아니라 고객이 가진 문제를 해결하여 가치를 창출하기 위한 하나의 묶음이라는 점이다. 이러한 관점은 디지털 트랜스포메이션이 진행되면서 제품의 서비스화와 서비스의 제품화라는 형태로 비즈니스모델을 변화시키는 중요한 동인動因이 되고 있다.

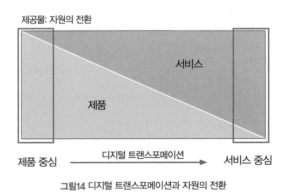

그림14 디지털 트랜스포메이션과 자원의 전환

제품의 서비스화와 서비스의 제품화는 제품과 서비스의 융합을 통해 새로운 비즈니스모델을 만들어내고 있다. 제품과 서비스의 융합은 단순히 제품이나 서비스를 묶어서 판매하는 것이 아니라, 비즈니스 가치를 창출하기 위해 '서비스화된 제품'이나 '제품화된 서비스'를 제공하는 것을 말한다. 기업 관점에서는 물건을 만들어서 판매하는 일반적인 비즈니스 형태가 아니라, 제품과 서비스를 통합해 솔루션으로 제공함으로써 고객이 해결하기 원하는 본질적 문제들을 다루는 '서비스 비즈니스로의 전환'을 의미한다. [그림14]는 이러한 개념을 도식화한 것이다.

[그림14]를 보면 디지털 트랜스포메이션이 진행될수록 기업의 제공물이 제품 중심에서 서비스 중심으로 변화해가는 것을 확인할 수 있다. 이는 제품과 서비스의 가장 큰 차이점을 나타낸다. 유형의 제품이든, 무형의 서비스든 모두 고객의 문제를 해결하기 위한 것이다. 하지만 '제품'은 고객이 원하는 시점 이전에 기업이 디자인하고 자신의 자원을 통합해 만든 것인데 반해, '서비스'는 고객이 원하는 시점에 기업이 자신의 자원을 통합하여 제공하는 것이다. 사실 이런 관점에서 보면, 고객 입장에서는 모든 것이 서비스의 형태로 제공되는 것이 가장 바람직하다. 필요할 때, 필요한 곳에서 즉시 사용할 수 있기 때문이다.

문제는 고객의 문제에 기반한 솔루션을 어떻게 만들어내느냐, 고객이 원하는 시점에, 고객이 원하는 형태로, 고객이 원하는 장소에서 어떻게 제공할 수 있느냐다. 바로 이 부분에서 디지털 트랜스포메이션이 필요하다. 앞에서도 여러 번 강조했지만, 디지털 트랜스포메이션은 온라인과 오프라인을 결합하고, 온라인에서 오프라인을 통제할 수 있으며, 자원과 프로세스를 '표준화, 모듈화, 디지털화'한 상태이기 때문에 기업은 고객이 원하는 시점에, 원하는 형태로 적정한 가격에 솔루션을 만들어 제공할 수 있다.

1년 6개월 걸리던 생산을 10일 만에

기존에 기업들은 자신들의 시스템에 따라 고객의 수요를 예측하고, 제품이나 서비스를 디자인해 제조한 다음 고객에게 전달해왔다. 기업이 이러한 형태로 존재해왔던 이유는, 고객이 원하는 시점에 자원을 통합하여 솔루션을 제공하는 '요구형' 즉 온디맨드 서비스가 기술적으로 거의 불가능했기 때문이다. 자원을 고객이 원하는 시점에 원하는 형태로 통합해서 전달하기 위해서는, 모든 자원을 표준화하고 모듈화해야 하며 이를 통합하는 과정 또한 표준화, 모듈화해야 한다. 하지만 기존의 아날로그형 조직에서는 이런 형태의 표준화나 모듈화가 거의 불가능했다. 설령 표준화와 모듈화가 가능하다 하더라도 고객이 원하는 시점에, 원하는 형태로 자원을 통합하는 데는 너무 많은 시간이 걸리고 비용이 기하급수적으로 증가하기 때문에 의미가 없었다.

일례로 운동화를 만들어 파는 과정을 생각해보자. 운동화를 만들기 위해서 기업은 고객의 수요를 예측하고, 예측된 수요에 맞춰 디자인하고, 이를 충족하기 위해 재료(안창, 중창, 겉창, 뒷축, 내패딩 등 최소

10가지 이상의 다양한 자제)를 사용하여 제품을 만든 다음, 창고에 보관하고 수요자에게 판매한다. 그런데 만약 모든 부품(자제)을 표준화·모듈화하고, 고객이 디자인하게 한 후에 단 며칠 만에 운동화를 만들어 보내주는 형태로 바꾼다고 가정해보자. 아날로그 방식으로는 불가능할 것이다. 혹여 가능하다 하더라도 실제로 고객이 원하는 디자인의 운동화를 만들어서 배송하는 데까지는 엄청나게 긴 시간과 많은 에너지가 투입되어야 할 것이다. 너무나 많은 기계를 디지털화해야 하고, 매 단계 통제 시스템을 만들어야 하며, 물리적 프로세스를 단축하기 위해 더 많은 자원을 투입해야 하기 때문이다.

독일의 아디다스는 신발 생산과정과 자원에 대한 정보를 디지털화하고 표준화·모듈화해 기존에는 1년 6개월이 걸리던 전 과정을 10일 이내에 마무리하는 '스피드팩토리'를 만들었다. 참고로 2020년 아디다스는 독일의 안스바흐에 있던 스피드팩토리의 가동을 중단하고 중국이나 인도네시아 등 생산기지가 있는 곳으로 이전하여 이를 더욱 활성화하겠다고 발표했다.

스피드팩토리의 핵심은 지난 20여 년간 아디다스가 쌓아온 지식과 데이터를 기반으로 개별 고객에게 꼭 맞는 조깅화를 만들겠다는 것이었다. 디지털 트랜스포메이션을 통해 고객이 원하는 운동화를, 고객이 원하는 시점에 만들어 제공할 수 있는 기반을 갖춘 것이다. 아마도 스타플레이어 급 운동선수가 아닌 일반인이라면 지금까지 '맞춤형 조깅화'를 신어본 사람이 거의 없을 것이다. 내가 원하는 디자인으로 만들어진, 내 발에 딱 맞는 운동화라면 운동이 얼마나 편하고 즐거워지 겠는가? 이것이 온디맨드 제조 서비스의 대표적인 사례다.

기존의 제품이나 서비스를 '서비스 비즈니스'로 전환할 때는 사용 자들이 가진 다양한 문제를 해결하기 위해 기본적으로 '맞춤화'와 '개 인화'가 필수다. 맞춤화는 소비자들의 사용패턴을 반영하여 만들어진 제품이나 서비스를 수정할 수 있도록 하는 것을 말한다. 이는 기존의 표준화된 대량생산과는 대척점에 있는 개념이다. 대량생산은 생산자 중심의 과정으로 4M(노동자Man, 기계Machine, 자본Money, 소재Matreial)을 기 반으로 제품을 만들어서 창고에 보관하고 이를 매장에 공급하여 고 객에게 판매하는 방식이다. 이러한 전통적인 비즈니스 방식을 '재고 생산make to stock' 방식이라고 한다. 이에 반해 맞춤화는 고객의 주문을 기반으로 제품이나 서비스를 제조하는 방식으로 '주문제작make to order' 방식이라고 한다. 대량생산 방식이 제품의 디자인, 제조, 판매 전 과 정에 걸쳐 기업의 의사결정에 전적으로 의존하는 것이라면, 주문제 작(맞춤화 생산) 방식은 고객의 의사결정에 따라 진행되는 것이다.

개인화는 '솔루션이 특정 개인에게 잘 맞춰진, 제품 차별의 전문화 된 형태'[30], '프로파일이 있는 사용자에게 범주화된 콘텐츠를 맞추어 제공하는 것'[31] 등으로 정의된다. 맞춤화가 고객의 요구에 맞춰 이미 만들어진 제품이나 서비스를 수정하는 것이라면, 개인화는 처음부터 고객 개인의 요구대로 만들어내는 것이다. 맞춤화와 개인화 모두 제 품과 서비스를 개인에 맞게 조절하거나 개인의 요구에 적합한 형태로 구현해내는 것이므로 제품이나 서비스의 기능과 프로세스를 표준화·

모듈화해야만 달성할 수 있다.

4차 산업혁명과 맞물려 최근에는 '초개인화hyper-personalization'나 '초
맞춤화hyper-customization'라는 용어도 자주 등장하는데, 이는 기존과는
다른 차원에서 개인화와 맞춤화가 일어나고 있음을 시사한다. 지금
까지는 대부분이 성별, 나이, 거주지역 등 인구통계학적 데이터를 바
탕으로 고객을 그룹화하고 그룹의 특징에 맞도록 제품이나 서비스를
만드는 데 주력해왔다. 하지만 이와 같은 단편적인 데이터로는 실제
고객의 문제를 파악하기가 매우 어려웠다.

이러한 문제를 해결하기 위해 페이스북, 아마존, 그리고 핀테크 기
업과 같은 몇몇 디지털 서비스 기업들은 온라인상에서 고객과의 상호
작용을 통해 다양한 종류의 데이터를 추출함으로써 고객 개인의 성
향을 이해하고 이에 적합한 솔루션을 만들어내고 있다. 특히, 웨어러
블, 사물인터넷 등과 같은 정보기술이 발전함에 따라 기업들은 소비
자의 생리적·심리적 데이터(예를 들어 심박, 동공의 움직임, 체온 등을 통한
고객의 마음상태 분석) 등 더욱 직접적인 데이터를 수집하게 되었다. 이
러한 기술들이 기존의 인구통계학적 데이터나 거래 데이터 등과 결합
되면서 고객을 이해하는 방식이 완전히 바뀌고 있다.

앞으로 기업의 수익창출은 제품을 만들어 파는 데서 그치는 게 아
니라, 지속적으로 고객과 커뮤니케이션하며 그들의 문제를 해결하기
위해 개인화된 솔루션을 제공할 수 있느냐 여부에 좌우될 것이다. 이
런 점을 감안할 때 고객의 마음을 읽을 수 있는 데이터를 모으고 분석

하는 것이 얼마나 중요한 일인지, 그러한 기술들을 잘 활용하는 것이 얼마나 중요한 문제인지를 이해할 수 있을 것이다.

이러한 기술적 변화들로 인해 소비자는 제품이나 서비스를 소유하는 불편함에서 벗어나 자신들이 원하는 시간, 장소, 형태로 솔루션을 제공하는 기업을 선호할 것이고, 결국 기업은 그러한 방향으로 나아갈 수밖에 없다.

기업 간 거래도 '소유에서 사용으로'

'소유에서 사용으로'의 전환은 B2C(기업과 소비자 간의 거래)뿐만 아니라 B2B(기업 간 거래)에서도 활발하게 일어나고 있다. 1990년대 초 IBM이 '기업들은 핵심역량에 집중하고 핵심역량이 이외에는 아웃소싱을 검토해야 한다'고 권고하면서부터, 무엇을 지키고 무엇을 아웃소싱해야 하는지를 결정하는 문제는 기업의 핵심 의사결정 문제가 되었지만 여전히 논란거리다.[32]

그러나 글로벌 전문 아웃소서가 넘쳐나는 4차 산업혁명 시대에는 '핵심역량'이 무엇인지를 파악하기 위해 노력하는 것보다 차별화에 집중하는 것이 더욱 현명한 전략이다. 기업이 핵심역량을 파악했다 하더라도 아웃소싱을 통해 더 효과적·효율적으로 그 문제를 해결할 수 있다면, 결국 해당 기능을 보유할 필요가 없다. 또 '경험이 있다'는 것 역시 전략적으로 무의미할 뿐만 아니라 때로는 전략적 실패를 불러올 수 있다. 따라서 기업은 '핵심역량의 소유'에 집착하기보다는 각각의 필요역량을 어떻게 '소유에서 사용으로' 유연하게 전환할지를 고민해야 한다.

기술이 고도화될수록 아웃소싱의 전략적 중요성 역시 지속적으로 높아지고 있다. 게다가 아웃소싱의 활용영역 또한 광범위해지고 있다. 1차 산업혁명에서는 기계화와 내부 노동자 관리가 경영의 주요 과제였지만, 2차 산업혁명에서는 효율화와 비용절감이, 3차 산업혁명에서는 최적화와 비핵심역량에 대한 아웃소싱이 핵심이슈였다.

하지만 온디맨드 이코노미에서는 '비즈니스 차별화'가 핵심이슈다. 이를 위해서라면 기업은 자사의 핵심역량까지도 전략적으로 아웃소싱할 수 있다. 온디맨드 이코노미에서의 차별화란, 우리 기업과 파트너 기업이 상호신뢰를 바탕으로 지식과 인프라를 공유하고, 경쟁사보다 더 신속하게 소비자에게 기존과 다른 혹은 새로운 제품과 서비스를 제공함으로써, 실질적으로 고객이 가진 문제를 해결하는 것을 의미한다. 이 과정에서 기업은 과거와 같이 필요역량을 굳이 소유할 필요가 없다. 파트너들의 역량을 전략적·효과적으로 사용함으로써 차별화된 비즈니스모델을 빠르게 실현하는 것이 더 중요하다.

이때 아웃소싱을 선택하는 기업은 파트너 기업과 비즈니스 성과뿐만 아니라 새로운 성장기회를 적극적으로 공유하고, 성공과 실패의 역사를 함께 만들어나감으로써 상호신뢰를 구축해 나가는 것이 무엇보다 중요하다. 파트너 기업들의 경우는 전문 분야에 대한 기술혁신을 고도화하고 프로세스를 지속적으로 혁신해 고객기업의 문제를 장기적인 관점에서 해결해나갈 수 있는 역량을 확보해야 한다.

기존에 없던 새로운
산업이 창출되는 조건

4차 산업혁명으로 인해 산업 간 경계가 붕괴되고 기존에 없던 새로운 산업이 다양하게 창출되고 있다. 예를 들어 스마트폰이 출현하면서 카메라산업이 사양길로 들어섰고, 워크맨이나 MP3 플레이어 같은 음악재생 기기들이 사라졌다. 디지털 디자인이 등장하면서부터는 심지어 비행기나 자동차의 시작품을 만드는 일도 없어졌다. 대표적인 가전제품 전시회였던 CES가 인공지능과 자동차 전시회로 바뀐지도 오래됐다. 여기에 플라잉카 시대가 다가오면서 항공산업과 자동차산업이 융합되고 있다. 이러한 현상은 디지털 트랜스포메이션을 만들어내는 다양한 기술적 특징에 의해 나타났다. 오늘날 새로운 산업 창출의 조건이 된 디지털 트랜스포메이션의 대표적인 특징 3가지를 소개한다.

하드웨어와 소프트웨어, 경계가 사라지다

첫째, 하드웨어와 소프트웨어의 통합이다. 인터넷과 웹, 그리고 모바일 시대에 소프트웨어 서비스를 통해 전성기를 누렸던 기업들이 거꾸로 하드웨어 제작에까지 손을 대기 시작했다. 그리고 원래 오프라인 현장에서 아날로그적인 사업을 펼치던 곳들은 거꾸로 디지털 기술을 연구하기 시작했다. 가령 스타벅스는 앱을 통해 소비자들에게 더 친근하고 편리하게 다가가고 있고, 컴퓨터 하드웨어를 제조하던 IBM은 인공지능 왓슨을 개발해 제2의 전성기를 예고하고 있다. 아디다스와 지멘스도 앞서 설명한 스마트팩토리를 새롭게 설계, 구축해 서서히 체제를 변화시키고 있다.

전 세계적으로도 잘 알려진 장난감 제조회사인 레고의 시도 역시 흥미롭다. 레고는 다양한 종류의 블록을 이용해 자신이 원하는 모양을 만들 수 있는 장난감을 판매했지만 지속적으로 매출이 하락했다. 모바일 게임의 부상으로 사람들이 언제 어디서나 쉽게 게임을 하게 되었기 때문이다. 레고는 이 문제를 해결하기 위해 실물로 만든 레고를 온라인상에서 연동하여 다른 사람이 어떤 레고를 만들었는지 공유하고, 모바일에서도 해당 레고를 움직일 수 있도록 무료 프로그램을 배포하고 서비스했다. 레고의 LDD와 브릭링크의 스튜디오stud.io 등이 그것이다. 단지 만드는 것에서 그치는 것이 아니라 실제로 디자인하고 움직이게 하는 데까지 고객의 경험을 확장해 즐거움을 배가시킨 것이다.

모든 프로세스에 디지털 기술을

두 번째는 디지털화다. 이는 디지털 기술의 적용을 통해 비즈니스 프로세스를 변화시키고 새로운 혁신 기회를 창출하는 프로세스라고 할 수 있다. 디지털화는 디지털 프로세스를 가능하게 하는 모든 기술, 즉 인공지능, 사물인터넷, 클라우드 컴퓨팅, 빅데이터, 모바일, 그리고 소재기술 등 다양한 기술에 기반한다.

디지털화는 새로운 제품이나 서비스를 창출하는 데 혁신적인 영감을 불어넣으며 산업구조 개편에 지대한 영향을 미치고 있다. 대표적인 사례로 음원시장이 있다. 과거에 음원은 LP판이나 카세트테이프로 재생되었지만, 디지털화된 후에는 각각의 음원들을 파일로 변환해 CD나 컴퓨터, 메모리장치에 손쉽게 담아서 가지고 다닐 수 있게 되었다. 저장과 전송이 간편해진 데다 네트워크도 빨라져 이제는 스마트폰에서 스트리밍 서비스로 편리하게 음악을 즐긴다.

또 디지털화를 통해 생산성을 급격하게 향상시킨 대표적인 사례로 독일의 지멘스 암베르크 공장을 들 수 있다. 이 공장은 제품 수명주기 관리를 기반으로 움직인다. 제품을 고안하면서 생성된 정보가 생산라인으로 전송되고, 전송된 정보는 생산의 공정개발, 제품개발 등 모든 프로세스에서 이용된다. 축적된 데이터를 이용하여 문제가 발생할 때마다 곧바로 대응해 최적의 생산조건을 만들어주고 유지시켜준다. 암베르크 공장에 관한 것은 뒤에서 더 자세히 설명하겠다.

블록체인으로 신뢰구현

세 번째는 블록체인이다. 기술로 신뢰를 구현하는 것이 특징이다. 블록체인은 '최초의 블록genesis block'부터 이후 생성된 모든 블록에 대한 링크를 가진 '링크드 리스트linked list'로, 여러 노드에 분산저장 및 관리되는 거대한 분산장부를 말한다. 사토시 나카모토라는 프로그래머가 블록체인이라는 기술에 기반한 암호화폐 비트코인을 만들면서 가장 강조한 것이 바로 '스스로 신뢰를 만들어내는 네트워크'였다. '스스로 신뢰를 만들어내는 기술' 혹은 네트워크를 만들면 신뢰받는 제3의 기관(중개자)이 없이도 완벽하게 개인 간 거래가 가능하다는 것이 그의 철학이었다. 이런 관점에서 본다면 비트코인은 '블록체인 속 자산으로서 개인 간 거래가 가능한 P2P Peer-to-Peer 네트워크 방식의 분권화되고 암호화된 오픈소스 디지털 화폐'라고 정의할 수 있다.

전문가들은 블록체인이 단순히 정보를 제공하는 기존의 인터넷을 뛰어넘어 거래 투명성과 신뢰성을 기반으로 새로운 가치를 창출하는 2세대 인터넷의 핵심기술이 될 것이라고 전망한다. 간단하게 설명하자면, 블록체인을 이해하기 위한 핵심용어는 블록, 작업증명proof of work 혹은 지분증명proof of stake, 그리고 보상이다. 블록은 다수의 거래정보의 묶음을 의미하고, 작업증명이나 지분증명은 새로운 블록을 블록체인에 추가하는 '작업'을 완료했음을 '증명'하는 것을 말한다. 보상은 새로운 블록을 블록체인에 추가해서 해당 블록에 포함된 모든 거래를 유효한 거래로 확정시켜준 대가를 의미한다.

블록체인은 사용자의 유형에 따라 프라이빗private, 퍼블릭public, 그리고 콘소시움consortium 블록체인으로 구분할 수 있다. 프라이빗은 한 기관이 모든 권한을 가지고 운영하는 것이고, 콘소시움은 몇 개의 기관이 공동으로 사용하는 것이며, 퍼블릭은 누구나 사용이 가능한 블록체인을 말한다. 블록체인은 '기술을 통한 신뢰의 구현'이라는 특징을 바탕으로 금융산업뿐만 아니라 보안, 교육, 자동차 리스, 스포츠, 엔터테인먼트, 부동산, 헬스케어, 공급사슬 관리, 에너지, 유언·유산, 정부 서비스 등 다양한 분야에서 새로운 비즈니스모델을 만드는 데 사용되고 있다.

금융 이외의 산업 분야에서는 주로 '거래의 디지털화'를 구현하는 데 블록체인을 활용한다. 블록체인은 결국 신뢰받는 제3자가 없더라도 신뢰를 확보해 개인 간 거래를 가능하게 하고, 모든 참여자가 계층이 없이 역할과 영향력만 다른 민주적 질서를 가능하게 한다. 지금까지는 권위 있는 기관이나 조직만이 신뢰를 주는 '제3자' 역할을 했다면, 앞으로는 블록체인으로 누구나 신뢰를 확보한 서비스를 제공하고, 신뢰할 만한 규칙을 만들고 결정권을 부여할 수 있는 방향으로 달라질 것이다.

모든 기술, 자원, 프로세스를
온디맨드로 집중시켜라

디지털 트랜스포메이션이 가져온 변화의 핵심은 인류가 아주 오랫동안 꿈꿔왔던 것들, 즉 원하는 시간에, 원하는 장소에서, 원하는 형태로, 원하는 제품과 서비스가 제공될 수 있는(온디맨드 서비스) 기술이 개발되고 체계화되어 활용되는 것(시스템)이다. 한마디로 요약하면 '온디맨드 서비스 시스템'이다.

가장 대표적인 온디맨드 서비스로는 온디맨드 이동 서비스가 있다. 고객이 이동하는 데 필요한 교통수단을, 필요한 장소에서, 필요한 시점에, 필요한 형태로 제공해주는 서비스다. 버스부터 기차, 비행기, 드론, 날아다니는 자동차까지 혹은 이 모든 것들을 적절하게 조합해서 '이동'이라는 고객의 문제를 해결한다.

한편, 온디맨드 지식 서비스는 고객이 뭔가를 하다가 문제에 부딪

혔을 때, 필요한 지식을 고객이 이용하기 가장 좋은 형태로 제공하는 것을 말한다. 온디맨드 음식 서비스는 고객이 배가 고픈 시점에, 먹고 싶은 음식을, 원하는 장소에서, 원하는 형태로 제공하는 서비스다. 온디맨드 금융 서비스는 고객이 금융과 관련하여 필요한 행위를 할 때, 즉 돈을 빌리거나 투자를 할 때, 필요한 시점에, 필요한 장소에서, 원하는 형태로 금융 문제를 해결해주는 서비스다.

앞에서 살펴본 바와 같이 이와 같은 온디맨드 서비스가 이미 엄청나게 많이 쏟아져 나왔고, 시장을 완전히 바꿔버린 성공사례도 많다. 온디맨드 서비스가 이토록 성황을 이루게 된 배경이 무엇일까? 대표적으로는 고객들의 요구가 변화했다는 사실이다. 그리고 달라진 고객의 문제를 조금 더 효율적·효과적으로 해결해보려는 공급자들의 노력 덕분이다.

국내 온디맨드 시장의 소비자 규모는 2017년 1,200만 명 수준에서 2025년에는 1,900만 명 정도로 증가할 것으로 전망되며 거래액은 2017년 4조 6,000억 원에서 2025년 7조 6,000억 원 정도로 약 1.7배 증가할 것으로 추정된다.[33] 특히 2020년 코로나19 이후에는 재택근무, O2O 서비스, 비대면 서비스에 대한 수요가 폭발적으로 증가함에 따라 전 세계적으로 온디맨드 서비스 시장이 3년마다 2배씩 성장할 것으로 전망하고 있다.

기존의 대량생산 방식은 고객의 니즈가 변화함에 따라 제품의 다양성이 증가하고, 공급사슬이 복잡해지면서 수요와 공급의 불일치,

재고비용 증가라는 문제를 낳았다. 이러한 '가치-원가 딜레마'를 해결하려는 노력의 일환으로 나타난 것이 디지털 트랜스포메이션이고, 이는 현대 기업경영의 근간을 뒤흔드는 일대 사건이라고 볼 수 있다.

앞에서도 설명했듯이 디지털 트랜스포메이션을 효과적으로 그리고 원활하게 달성하기 위해서는 고객의 문제를 이해하고 그에 대한 솔루션을 만들어내는 역량을 갖추는 데 집중해야 한다. 고객의 문제를 이해하고 문제가 발생하게 된 원인과 상황, 형태 등을 제대로 이해할 수 있는 역량이 없다면 아무리 뛰어난 기술도 쓸모가 없다.

기술과 자원, 프로세스를 바꾸기 위한 가장 중요한 3가지 전략

그렇다면 기업은 현재의 기술과 자원, 프로세스를 어떻게 바꿔야 온디맨드 서비스를 구현할 수 있을까? 일반적으로 기업들은 시장에서 경쟁하기 위해 자신들만의 사업목표와 사업영역, 자원과 프로세스를 보유하고 있다. 온디맨드 경제에 적응하기 위해서 기업들은 자신들의 사업목표부터 자원과 프로세스까지, 모든 것을 디지털 기반으로 바꿔야 한다.

디지털 트랜스포메이션에서 가장 중요한 3가지 전략을 꼽자면, 첫째 '디지털 트랜스포메이션 전략', 둘째 '고객 인터페이스 전략', 그리고 마지막으로 '생산·운영 시스템 구축 전략'이다.

첫 번째인 '디지털 트랜스포메이션 전략'은 기존의 제품이나 서비스가 가지는 본질적 가치가 무엇인지를 고민하고, 이 가치를 중심으로 시장을 재정의하고 비즈니스모델을 다시 만드는 것을 말한다. 디지털 경제에서 우리 기업이 어떤 영역에서 어떤 형태로 누구와 경쟁해야 하는지를 결정해야 한다는 뜻이다.

앞서 언급한 온디맨드 서비스 중 하나를 전략적으로 선택하고 그 서비스를 제공하기 위해 필요한 자원과 프로세스를 설계한 후, 거기에 필요한 기술과 인력을 확보하는 것이 '디지털 트랜스포메이션 전략'이다. 다만 기존에 투자된 모든 것들을 디지털로 바꾸기란 쉽지 않기 때문에 현실적으로 가용한 기술을 확보하고 장기적인 전략계획을 세우는 것이 중요하다.

두 번째인 '고객 인터페이스 전략'은 무엇일까? 최신 디지털 기술이나 이에 기반한 서비스는 기존의 제품, 서비스와 많이 다르기 때문에 고객이 쉽게 수용할 수 있는 형태로 만드는 것이 매우 중요하다. 고객을 당황하게 만들지 않으면서 자연스럽게 수용할 수 있도록 만드는 방법은 무엇인가? 온디맨드 서비스에서는 이에 대한 고민이 매우 중요하다. 성패를 가르는 직접적인 요인이 될 수 있기 때문이다. 실제로 기업이 자신들의 방식을 고객에게 주입하려 하거나 억지로 고객의 행동을 바꾸려 하다가 실패한 디지털 솔루션들이 수없이 많다. 고객이 수용하지 않는 서비스는 존재할 이유가 없으니 말이다.

세 번째는 '생산·운영 시스템 구축 전략'이다. 기존의 생산·운영 시스템을 바꿔 디지털 트랜스포메이션을 구현하기 위해서는 모든 프로세스가 표준화되고, 상황에 따라 적절히 대응할 수 있는 '유연성fexibility'을 갖춰야 한다. 그리고 전체 시스템이 유기적으로 연결되어 고객의 문제를 해결하는 '통합성integratability'도 있어야 한다.

이를 다시 기업의 자원, 프로세스, 통제, 복구 관점으로 구분하여 설명할 수 있다. 자원의 디지털 트랜스포메이션은 '고객의 문제해결과 관련된 자원과 제반 정보를 디지털화한 정도'를 나타내고, 프로세스의 경우는 '자원의 흐름과 고객 문제해결 절차가 디지털화된 정도'를, 통제는 '디지털 시스템의 거버넌스(governance, 공동의 목표를 달성하거나 문제를 해결하기 위해 이해관계자들이 함께 의사결정을 해가는 과정) 구조가 잘 구축되어 서비스가 매끄럽게 제공되는 정도'를, 복구는 '디지털 시스템의 실패에 대한 관리 및 복구의 과정이 디지털화된 정도'를 나타낸다.

특히 통제 시스템의 디지털 트랜스포메이션은 기업이 생산하는 제품과 제공 서비스에 대한 명확한 정의가 존재하고, 목표달성을 위해 가져야 하는 의사결정 체계, 조직구조, 기능별 책임과 역할 규정, 모니터링 시스템, 성과의 측정과 반영 등이 디지털로 구현되어야 함을 말한다.

간략하게 얘기하면, 온디맨드 서비스 시스템은 고객의 문제를 잘 이해할 수 있는 역량과 기술, 이러한 이해를 바탕으로 솔루션을 만들 수 있는 체계, 솔루션을 효과적으로 생산하고 전달할 수 있는 체계를 통합한 시스템이다.

이 시스템이 작동하는 방식은 다음과 같다. 디지털 디자인을 통해 사용자의 의견을 듣고, 디지털트윈을 통해 새로운 솔루션과 기술의 완전성·신뢰성을 테스트하며, 파트너들과 공유하고, 기대하는 최종

결과물과 비교해 개선 방향을 도출한다. 디지털화된 생산·운영 프로세스를 통해 시설이나 스마트기계들을 통제하여 탄력적이고 유연하게 제품과 서비스를 생산한다. 이 과정에서 축적된 데이터를 통해 고객의 문제를 더욱 심층적으로 분석하여 솔루션을 도출하고, 생산 프로세스의 문제점을 분석, 보완해 생산성을 높인다.

여기서 반드시 알아두어야 할 점은, 온디맨드 서비스 시스템이 '개방형 시스템'이라는 사실이다. 이 시스템에는 개별 기업만이 아니라 협력사와 파트너사, 그리고 고객들이 참여한다. 협력사들은 제품이나 서비스를 디자인하는 시점부터 고객 서비스까지 참여하며, 파트너사는 자신의 프로세스나 서비스를 기업에 제공하고 수수료를 받는다. 파트너사가 제공하는 것은 기업 내부 프로세스일 수도 있고 고객 접점에서 일어나는 서비스일 수도 있다. 이러한 수평적이고 유기적인 협력체계가 있어야만 온디맨드 서비스가 가능하다.

온디맨드 워킹,
노동과 일자리의 미래를 바꾸다

세상이 달라지고, 비즈니스가 달라졌으니 노동과 고용 역시 달라질 수밖에 없다. 온디맨드 서비스 시스템이 제대로 작동하기 위해서는 온디맨드 워킹이 필수다. 온디맨드 워킹의 형태는 크게 2가지로 나뉜다. 제조영역의 일과 소비영역의 일이다.

첫 번째인 제조영역의 일은 고객의 요구가 있을 때 필요한 제품이나 서비스를 만들어내는 일이다. 예를 들어, 패션 스토어에 고객이 방문해 디지털로 옷을 디자인하고 주문했다. 그러면 디지털로 패턴을 만들고, 염색 대신 디지털 프린팅을 하고, 철형 재단기를 쓰는 대신 디지털 커터로 재단한 후 봉제사에게 넘어간다. 이런 과정을 거치면 하루 만에 제작이 완성된다. 이처럼 생산과정이 유기적으로 연결되어야만 기업은 고객의 요구를 실시간으로 충족시킬 수 있다. 제조

영역의 일은 디자인부터 생산, 전달에 이르는 과정 전체가 표준화·모듈화·디지털화되어 있어야 효율적으로 작동된다.

두 번째인 소비영역의 일은 고객이 제품이나 서비스를 사용하려는 요구에 대응하는 것이다. 대표적인 사례가 우버 같은 이동 서비스다. 우버 기사들은 고객의 호출이 오면 그에 대응하여 고객이 있는 장소로 이동하고, 고객을 태운 후에 원하는 목적지로 간다. 서비스 이용 금액은 우버 플랫폼이 맡아 정산한다. 에어비앤비의 서비스도 이와 유사하다. 고객이 에어비앤비 플랫폼에서 숙소를 결정하면, 숙소 관리자(호스트)는 고객이 숙박 서비스를 이용하는 데 필요한 필수품을 비치하고, 고객이 원하는 추가적인 물품도 구매해서 제공한다. 숙소 관리자는 소비의 영역에서 고객이 편안하게 머무를 수 있도록 지원하는 것이다.

또 다른 예는 정수기 렌탈 서비스다. 고객이 깨끗한 물을 마시고자 정수기를 렌탈하면 코디네이터는 수질을 관리하기 위한 각종 서비스를 제공한다. 우버 기사, 에어비앤비 호스트, 정수기 회사의 코디네이터가 모두 '온디맨드 워커'인 것이다. 온디맨드 이코노미의 하위개념인 '긱 이코노미'에서 나온 '긱 워커'나 '플랫폼 노동자'도 비슷한 의미로 쓰인다. 온디맨드 이코노미는 재화나 용역의 거래가 온디맨드 방식으로 이루어지는 경제로 수요 측면에는 온디맨드 서비스가 있고 공급 측면에는 온디맨드 워킹이 있다.

세계적인 컨설팅회사 맥킨지는 온라인 시장에서 거래되는 단기노동contingent work을 '긱 이코노미'라 정의했다.[34] 온디맨드 이코노미가 고객의 문제해결을 위해 일의 단위를 모듈화하여 서비스 형태로 고객의 수요에 대응하는 수요 중심의 개념이라면, 긱 이코노미는 노동력이나 기술을 효율적으로 공급한다는 공급 중심의 개념으로 접근한다는 차이점이 있다.

맥킨지글로벌연구소가 2016년에 미국, 영국, 독일, 프랑스 등 6개국의 8,000명을 상대로 설문조사를 한 결과, 긱 워커의 비율은 전체 노동시장의 약 30%[35]를 차지하는 것으로 나타났다. 그중에서 미국의 경우는, 2015년 기준으로 긱 워킹이 1차 직업main job인 노동자의 비율이 전체 노동시장의 16%로 1995년과 비교하면 약 7%포인트 증가했다.

이처럼 긱 워킹을 포함한 온디맨드 워킹은 인력 매칭과 같은 온라인 플랫폼을 기반으로 기업과 공급자들의 만족도를 향상시키며 점차 확산되는 추세다. 맥킨지에 따르면 긱 이코노미는 2025년까지 글로벌 GDP의 2%를 추가 창출하고, 약 5억 4,000만 명에게 혜택을 줄 것으로 예상된다.

이처럼 노동시장에서 긱 워킹의 비중이 커지면, 기업은 정규직에 대한 의존도를 줄이고 단기직이나 프로젝트 계약을 활용해 인건비를 절감할 수 있고, 노동자는 자유로운 노동을 통해 원하는 대로 시간을 활용하거나 소득 증대를 꾀할 수 있다. 또한 노동자 개인이 가진 전문 역량이나 기술에 맞는 업무를 수행함으로써 노동의 만족도를 높이는 것도 가능하다. 물론 비정규직이 많아지면서 생기는 직업의 불안정성이나 사회보장의 축소 같은 문제는 전체적인 사회 시스템이라는 틀에서 보완되어야 할 것이다.

전 세계의 인구가 고령화되고 있는 가운데 우리나라도 베이비붐 세대가 은퇴하고 밀레니얼 세대, Z세대가 노동시장에 진입하고 있다. 이러한 현상으로 인해 여전히 왕성하게 일할 수 있는 건강하고 숙련된 노동자들의 활용이 사회적인 문제로 떠오르고 있다. 긱 워킹의 증가는 숙련도는 높지만 고령으로 인해 은퇴한 노동자들에게 다시 경제활동에 참여할 수 있는 새로운 통로를 열어주고 있다. 오른쪽 표는 최근 활성화되고 있는 온라인 일자리 중개 플랫폼을 정리한 것이다.[36]

온드맨드 시대의 '일'은 어떻게 변화할까? 먼저 업무공간이 변화하고 동시에 기업의 특성도 변화될 것이다. 근로시간과 근로공간에 대한 구분이 모호해지고 재택근무가 일반화되어 같은 공간에서 주거와 업무가 함께 이루어질 것이다. 특히 지식을 핵심자원으로 하는 기업은 공간적인 구속에서 해방되는 데 그리 오래 걸리지 않을 것이다. 또한 기업이라는 조직은 소비자, 생산자, 경쟁사의 협력으로 이루어진 플랫폼으로 대체되어, 특정 서비스가 발생할 때마다 협력하는 연합체처럼 운영될 가능성이 매우 높다.

하지만 온디맨드 워킹 역시 긍정적인 면과 부정적인 면을 모두 가지고 있다. 온디맨드 워킹이 활성화되면 기업은 고객에게 적시에 맞춤화된 서비스를 제공할 수 있고, 노동자의 입장에서도 주부나 전문직 퇴직자 혹은 특정 분야에 열정을 가진 청년층이 자신만의 전문성

구분	방식	플랫폼별 특징	한국
전통 구인·구직 사이트	·구인기업 정규/기간제 일자리 정보 포스팅 ·구인공고 탐색 후 지원	**캐어빌더**: 세계 60개국 진출 **몬스터**: 5만 개 이상 기업 이용 **인디드**: 구인구직 검색엔진	인크루트 잡코리아 파인드잡
온라인 프리랜서 플랫폼	·프리랜서가 개인 이력 및 포트폴리오 게시 ·기업은 재택, 원격근무 및 프로젝트 정보 게시 ·프리랜서 기량 점검, 기업 피드백 등 제공	**프리랜서**: 프로젝트성 단기 업무 **업웍스**: 400만개 기업 회원 **피브Fiverr**: 예술, 창작 마이크로잡 위주 **드리블Dribbble**: 개인 포트폴리오 기반 채용 **99디자인**: 기업공고에 개인 입찰, 계약 **클래리티**: 경영전문가/창업가 연결 **엑스퍼피Experfy**: 빅데이터 등 창업가 연결 **웨일패스**: 기업, 시장조사 분석가 연결	위시켓 이랜서 프리모아 알바몬 알바천국
비즈니스 인력 사이트	·개인 이력 게재 및 비즈니스 인력 구축 ·기업은 채용 대상자 탐색용으로 사용	**링크드인**: 영어권 대표 사이트 **비아데오Viadeo**: 프랑스어권 대표 사이트 **씽Xing**: 독일어권 대표 사이트	링크나우
온디맨드 플랫폼	·생활 서비스, 허드렛일, 단기 아르바이트 중심 ·참여 개인 별 평판 및 사용자 평점 제공	**우버**: 세계 290개 도시 영업 중 **리프트**: 미국 중심 영업 **태스크래빗**: 미국 19개 도시 200만 명 사용 **고글 엑스퍼스**: 생필품 구매 배달 **인스타카트**: 신선식품 1시간 내 배달 **페이저**: 신청 후 2시간 내 의사 왕진 **메디캐스트**: LA 내 의사 왕진 지원 **액시옴 로**: 기업 변호사 파견	카카오택시 배달의천국 세탁특공대
소규모 워크· 크라우드 소싱 플랫폼	·자동화 곤란 업무, 인간 판단 필요업무 등 노동집약 작업을 잘게 분산하여 위탁 처리	**매카니컬 터크**: 그림 내 문자 인식 등 1시간 내 작업 **크라우드 플라워**: 빅데이터 분류, 코딩 **클라우드 팩토리**: 음성녹음 타이핑, 의료기록 정보 분석 등	–

그림15 국내외 온라인 일자리 중개 플랫폼 종류와 특징

을 발휘하며 만족도 높게 일할 수 있다. 또한 서비스 수요자, 즉 고객은 자신이 필요할 때만 서비스를 제공받을 수 있으므로 무엇인가를 소유할 때 발생하는 불편함과 비용을 절감하고 효율성을 높일 수 있다. 서비스 공급자 입장에서는 자산의 활용을 효율화하고 생산·운영 비용을 절감하면서도 신규 일자리를 창출하고 취업난 해소에도 긍정적인 영향을 미칠 수 있다.

반대로 법적인 제도가 아직 확립되지 않은 상태에서 정규직 고용의 범주가 축소되면서 직업의 양극화가 발생할 수도 있다. 또한 고용 안정성이 낮아지면서 사회 전반의 불안정성이 높아질 수도 있다. 따라서 온디맨드 서비스를 제공하는 기업이 증가하면 이와 같은 단점들을 보완할 수 있는 제도적 뒷받침은 물론이고, 사회적인 인식을 변화시키려는 정책적인 노력도 병행되어야 한다.

홈오피스가 부상하면
도시는 어떻게 변화할까?

그렇다면 온디맨드 경제는 도시 공간과 사회의 형태를 어떻게 변화시킬까? 앞에서 살펴보았듯이, 온디맨드 워킹이 늘어나면 개인들은 모바일이나 그 외의 다른 기기들이 연결된 업무 플랫폼을 이용해 사무실에 출근하지 않아도 얼마든지 일할 수 있다. 언제 어디서든 문제를 확인하고 해결할 수 있다는 말이다.

따라서 개인, 특히 지식산업 종사자는 주거공간에서 업무를 수행하는 경우가 많아질 것이고, 이러한 변화는 홈오피스와 관련된 수요를 늘릴 것이다. 또한 개인들은 외부에서 업무를 수행할 때도 업무 특성에 맞게 최적화된 공간을 선호할 가능성이 높다. 과거에는 한곳에 고정된 사무실에서 다양한 업무를 모두 처리했지만, 앞으로는 혼자 집중하는 공간, 협업에 용이한 공간, 고객이나 파트너와 미팅하는 공간, 연구 공간 등 필요에 따라 각각 다른 공간에서 일하게 될 것이다.

그렇다면 이러한 공간에 대한 수요변화는 도시의 모습을 어떻게 바꿔놓을까? 동일한 공간을 다양한 용도로 활용할 수 있도록 설계한 복합형 건물이 늘어날 것이고, 고층빌딩보다는 저층빌딩에 대한 수요가 늘어나 도시의 구조 자체를 바꿔놓을 가능성이 높다. 업무와 일상이 동일한 공간에서 이루어지고, 이러한 라이프스타일이 보편화될 것이기 때문이다. 이처럼 달라진 도시인의 생활에 맞는 구조와 시설을 더 잘 갖춘 도시일수록 경쟁력이 높아질 것이다. 요약하면 미래의 도시는 저층 혹은 중층의 복합구조 건물과 주거시설, 상업시설이 어울린 직주근접 또는 원격근무의 직주일체의 도시가 될 것이다.

그렇다면 온디맨드 경제는 사회의 구조와 형태를 어떻게 바꿀까? 모빌리티 온디맨드 서비스를 예로 들어보자. 혼자서 타고 다니는 세그웨이와 같은 교통수단, 둘이 타는 차, 날아다니는 오토바이, 플라잉 카, 교통용 드론, 날아다니는 보드, 물속을 다니는 차 등과 같은 다양한 교통수단은 이동성을 온디맨드로 제공하기 위한 수단들이다. 이러한 수단들이 대세가 되면 이들을 수용하기 위해 도로와 건물의 형태가 바뀌며 도시 공간 자체가 바뀐다. 공간이 달라지면 사회 구조가 바뀌는 것은 시간문제다. 이렇게 바뀌는 기술, 제품, 그리고 공간에 대응하기 위한 도시의 노력이 선제적으로 이루어져야 그 안에 사는 도시민들의 삶이 좀 더 원활하고 윤택해질 것이다.

또 다른 변화를 추동하는 엔진은 3D프린팅이다. 지금은 복잡한 드론도, 자동차도, 심지어는 비행기나 집도 3D프린팅을 통해 만들 수 있다. 제품을 만들기 위한 소재, 3D프린터, 그리고 디지털 디자인만 있으면 가능하다. 과거에는 뭔가를 만들기 위해 도시가 아닌 외곽 지역에 공단이라는 형태로 집적된 공장들이 필요했다. 하지만 이제는 3D프린팅의 발전 덕분에 도심에 3D프린터를 들여놓을 제작센터만 있다면 개인화된 제품이나 서비스를 얼마든지 만들어낼 수 있다. 즉 제조업이 도심 안으로 들어오고, 다양한 아이디어를 가진 사람들이 스스로를 위해서 혹은 다른 사람을 위해서 뭔가를 만들게 된다. 이러한 변화는 도시인의 삶을 더욱 풍부하게 만들어줄 것이다.

이처럼 온디맨드 서비스는 개인의 삶뿐만 아니라, 회사나 건축물, 도시의 모습까지 급격하게 변화시킬 가능성이 매우 높다. 핵심은 온디맨드 서비스를 어떻게 이해하는가, 이 시스템이 도시 속에서 어떻게 구현되는가, 사람들의 삶을 어떻게 바꿀 것인가를 이해하고 그에 맞는 정책과 수단을 준비하는 것이다.

온디맨드 서비스가 가져온 사회적 변화는 개인의 삶에도 큰 영향을 미친다. 누구나 자신이 하는 일을 통해 새로운 비즈니스를 만들어내고, 다른 사람이나 기업에 자신의 지식과 역량을 제공할 수 있다. 따라서 개인의 입장에서는 자신이 좋아하는 일을 발견하고 이러한 일들을 '디지털 방식'으로 수행하는 방법을 알아야만 한다. 여기서 말하는 '디지털 방식'이란 소프트웨어 프로그램을 만드는 코딩까지는 아니더라도 디지털 디자인이 가능한 수준의 디지털 지식, 3D프린터를 활용하여 무엇인가를 만들어낼 수 있는 역량, 그리고 디지털 플랫폼을 활용해 자신의 서비스가 필요한 커뮤니티와 연결할 수 있는 소양을 갖추는 것을 말한다. 한편 정부도 일반 대중을 상대로 디지털 기술에 대한 다양한 교육 프로그램을 만들고 제공해야 새로운 일자리 수요에 대응할 수 있다.

온디맨드 시대, 기업성장의 비밀

'디지털 경제'는 IT기술을 활용한다는 의미에서 협의로는 '전자상거래를 통해 상품과 서비스의 거래가 이루어지는 경제'로도 정의된다.[37] 하드웨어, 소프트웨어, 통신, 네트워크 등의 디지털 인프라와 기업 내외부의 전자적 업무 프로세스인 e-비즈니스e-business, 그리고 온라인으로 제품 및 서비스를 판매하거나 배송하는 전자상거래 등이 포함된다.

따라서 디지털 경제에서 기업의 경쟁력은 인적자원과 지식관리 역량, 양질의 데이터 확보와 정보 축적, 그리고 데이터의 효과적 활용 역량에 의해 결정된다. 그런데 이러한 역량은 온디맨드 서비스 시스템 구축과 운영에 매우 밀접한 관련이 있다.

디지털 경제의 활성화는 재화나 서비스의 생산과 소비활동 전반에

크나큰 변화를 가져왔다. 개인적인 측면에서는 개인과 개인, 개인과 회사, 개인과 국가를 밀접하게 연결해주는 수단을 가지게 됨으로써, 시간과 공간의 제약 없이 원하는 정보를 주고받게 되었다. 과거와 달리 소비자 개인이 생산에도 참여할 수 있다. 즉, 직접적이고 물리적인 교류가 없어도 원활한 소통이 가능해진 것이다. 또한 기업은 디지털 기술을 통해 시장을 확대하고 원가를 절감하게 되었다. 뿐만 아니라 글로벌 네트워크를 통해 생산과 판매를 더욱 확대하고, 소비자에게 접근하는 것도 더욱 용이해졌다.

개인과 기업 모두 상호연결이 가능한 대상과 범위가 급격하게 확대되면서 전통적인 업무방식이나 거래방식이 급격하게 변화하고 있다. 전통적인 산업경제에서 기업은 자신이 디자인하고 생산한 제품이나 서비스를 소비자에게 마케팅하고 단순히 소비하도록 했다면, 디지털 경제에서 기업은 자신보다 더 많은 정보를 가진 소비자들 혹은 자신이 제공하는 제품이나 서비스에 대해 잘 아는 것을 넘어서 더 새로운 것을 요구하는 소비자와 소통함으로써 당면한 문제를 해결해야 한다.

요약하자면 기업과 소비자 간의 상호작용 방식이 달라졌다는 말이다. 이미 많은 기업이 자원 사용방법을 바꾸고 있다. 전통적인 산업경제에서 기업은 고객이 요구하기 전에 자신이 가진 자원을 통합하여 제품이나 서비스의 형태로 제시했다. 하지만 이제 기업은 고객이 필요로 하는 시점과 장소, 그리고 고객이 원하는 형태로 솔루션을 제공할 수 있도록 자원과 프로세스를 구조화해야 한다. 자원의 사후적인 통합, 즉 고객이 원하는 시점에 이루어지는 자원통합이 필수 불가결하게 되었다.

이러한 변화가 일어난 근본적인 이유가 뭘까? 디지털 경제에서는 제품의 생산이나 교환보다는 주로 사용에 의해 가치가 창출되기 때문이다. 제품 그 자체의 가치보다는 고객이 제품이나 서비스를 사용해 그들이 가진 문제를 얼마나 잘 해결하느냐가 더 중요해졌다. 그리고 고객의 문제가 잘 해결되는 경우에 그 제품이나 서비스의 가치가 창출된다. 따라서 제품이나 서비스의 가치는 생산이 아니라 소비자의 이용 과정에서 만들어진다는 것을 이해할 필요가 있다.

그 외에도 디지털 경제는 고객의 니즈, 고객과 고객의 연결, 고객과 기업의 상호작용, 기업의 자원활용, 기업 간 연결 등 너무나 많은 것을 변화시키고 있다. 이에 따라 전통 산업경제에서 기업의 성공을 설명하던 법칙들 역시 바뀌고 있다. 크게 4가지로 나눠 설명하면 다음과 같다.

가장 중요한 변화 중 하나는, '글로벌화'와 '롱테일 법칙'이 중요해지면서 기존에 사용하던 '선택과 집중 전략'을 수정해야 한다는 것이다. 기존에는 기업이 특정 영역을 정하고 자원을 집중해 해당 분야에 필요한 제품이나 서비스만 만들면 성공할 수 있었다. 하지만 지금은 디지털 네트워크의 확산으로 롱테일 영역(기존의 핵심제품이나 서비스가 아닌 나머지가 소비되는 시장)의 매출이 더 커졌고, 개별적인 고객수요를 만족시켜야 성공할 수 있다. 따라서 한정된 자원으로 더 다양한 수요를 만족시킬 수 있는 여러 방법들에 대해 깊이 고민해야 한다. 예를 들어, 자원의 모듈화나 디지털화를 심화해 고객의 요구에 탄력적으로 대응할 방안을 찾는 것 등이 있다.

두 번째로 고정비 투자가 급격하게 증가하고 변동비의 증가는 거의 없는 특성이 있다. 그로 인해 손익분기점 달성이 많이 늦어질 수 있다는 점이 두 번째 변화다. 투자금 회수의 불확실성이 매우 높아지고, 제품이나 서비스의 사용방법에 대해 기업이 통제할 수 있는 범위가 매우 좁아졌다. 하지만 손익분기점을 지나면 이익이 기하급수적으로 늘기 때문에 투자에 대한 인내가 필요하다. 또한 자사 제품이나 서비스를 고객이 어떻게 사용하는지에 대한 세심한 관찰과 이를 바탕으로 한 새로운 전략을 지속적으로 내놓는 것도 필요하다.

세 번째는 고객의 문제에 대한 이해와 동시에 기술에도 관심을 가져야 한다는 것이다. 고객의 문제는 지속적으로 바뀌고, 이를 해결하는 기술들도 빠른 속도로 바뀌고 있다. 특히 디지털 기술들은 '가치와 원가 딜레마'를 해결하는 주요한 수단이기 때문에 새로운 기술이 나오면 반드시 사용 가능성에 대해 테스트해야 한다. 대규모 투자는 시간이 걸리지만 신기술에 대해 꾸준히 관심을 가지고 이를 활용할 수 있는 방법에 대해 연구하다 보면 경쟁사보다 먼저 기회를 발견할 가능성이 매우 높다.

네 번째는 현재 기업의 경쟁력을 나타내는 지표로 사용되는 '시장점유율'보다는 '고객점유율'에 초점을 두어야 한다. 시장점유율은 누가 내 제품이나 서비스를 이용하는지를 나타내지 않는다. 고객점유율은 고객 한 사람에게 우리 회사가 얼마나 많은 서비스를 제공하고 있는지를 명확하게 나타낸다. 이러한 지향점을 가지고 비즈니스를 확장해가고 있는 기업이 동남아시아 유니콘 기업인 그랩Grab이다.

그랩의 미래를 보고 투자한 기업들은 도요타, 오펜하이머펀드, 현대자동차그룹, 부킹 홀딩스, 마이크로소프트, 핑안 캐피탈, 야마하 모터 등이다. 그랩은 현재 모빌리티 서비스를 비롯해 동남아 주요 6개국에서 전자화폐 서비스 허가를 획득한 유일한 플랫폼인 그랩파이낸셜그룹Grab Financial Group을 통한 금융 서비스, 그랩푸드를 통한 식품 배달 서비스, 그랩익스프레스를 통한 택배 배송, 그리고 콘텐츠 서비스 등을 제공하고 있다. 여기에 온디맨드 비디오 서비스, 디지털 헬스케어 서비스, 보험 서비스, 그리고 호텔 예약 서비스 등을 추가할 예정이다. 가히 전방위적인 확장세를 보이는 중이다.

그랩의 고객은 다른 서비스를 이용할 필요가 없이 그랩 하나만으로 모든 서비스를 사용할 수 있다. 이렇게 되면 그랩은 막강한 경쟁력을 갖춘 동남아 시장 고객점유율 1위 기업으로 부상할 것이다.

디지털 경제를
설명하는
주요 이론들

디지털 경제를 설명하는 법칙은 매우 다양하다. 무어Moore의 법칙, 길더Gilder의 법칙, 메트칼프Metcalfe의 법칙, 축소기업의 법칙, 수확체증의 법칙, 롱테일 법칙, 그리고 손익분기점 법칙이 디지털 경제를 이해하는 데 기반이 된다.

무어의 법칙

'무어의 법칙'은 인텔의 공동창업자 중 한 명인 고든 무어Gordon Moore 가 1965년에 제시하였는데, 반도체 칩의 정보 기억량은 18~24개월 단위로 2배씩 증가하지만 가격은 변하지 않는다는 것이다. 길더의 법칙은 경제학자 조지 길더George Gilder가 주장한 것으로 광섬유의 대역폭인 1초 동안 전송 가능한 데이터량은 12개월마다 3배씩 증가한다는 내용이다. 이 둘은 디지털 경제에서 특정 핵심기술의 고집적화, 고속화 발전으로 인해 데이터 저장용량과 전송속도 등이 매우 빠르게 변화하는 원리를 설명한다.

메트칼프의 법칙

'메트칼프의 법칙'은 근거리 네트워킹 기술인 이더넷Ethernet을 발명한 밥 메트칼프Bob Metcalfe가 주장한 것으로 '네트워크 효과'라고도 일컫는다. 핵심내용은 네트워크의 가치는 참여자 수의 제곱에 비례한다는 것인데, 이 법칙은 인터넷을 통한 확산과 파급력을 설명한다. 즉, 10명의 회원을 보유하고 있는 회사의 가치는 1명의 회원을 더 가지게 되었을 때 단순히 10%가 증가하는 것이 아니라 10의 제곱인 100에서 11의 제곱인 121로 21%가 증가한다는 것이다.

축소기업의 법칙

'축소기업의 법칙'은 로날드 코즈Ronald Coase의 거래비용 이론에 기반한 것으로 네트워크를 통한 거래비용의 감소로 조직의 복잡성과 규모가 감소한다는 내용이다. 시장의 효율성이 높아지는 경우, 기업 규모가 커지고 조직이 복잡해지면 비효율이 급격하게 증가한다. 축소기업의 법칙은 인터넷이 보편화되고 정보가 모든 소비자에게 공개되는 경우, 거래비용이 없어지면서 중개상이 소멸할 것이라는 현상을 설명한 이론이기도 하다. 축소기업의 법칙은 또한 인터넷의 보편화로 거래비용이 줄어들면 기업들이 비핵심역량을 아웃소싱하게 되고 이에 따라 분사화가 진행되면서 조직의 규모가 작아지는 것을 설명하기도 한다.

학습효과

'학습효과learning effect'란 어떤 일이든 자주 하다 보면 아무래도 익숙해지고 잘하게 된다는 것으로, 19세기 독일의 심리학자 헤르만 에빙하우스Hermann Ebbinghaus가 주장했다. '학습곡선효과learning curve effect'에서 곡선curve이란 단어를 빼고 단순화한 용어다. 최근에는 '반복에 의한 효율성 증가'라는 의미에 더해 과거의 경험을 통해 같은 실수를 반복하지 않는다는 의미를 포함하기도 한다.

1936년 미국의 라이트-패터슨 공군기지를 대상으로 한 연구에서 비행기 생산량이 2배씩 증가할 때마다 노동시간은 10~15%씩 감소하는 것으로 나타났다. 학습곡선의 개념을 확장한 것이 '경험곡선experience curve'인데, 이는 동일 경험이 많아질수록 노동시간 및 전체 비용이 감소한다는 것이다. 1970년대 미국의 보스턴 컨설팅그룹의 조사에 따르면, 누적 생산량이 2배 증가할 때마다 비용은 약 10~25% 감소하는 것으로 나타났다.

수확체증의 법칙

'수확체증의 법칙'은 스탠퍼드대 브라이언 아서W. Brian Arthur 교수가 경제학적으로 이론화한 것이다. 디지털 경제에서는 전통 산업경제에서와는 다르게 생산량 증대를 위해 투입하는 생산요소의 양이 점점 적어지기 때문에 투입을 늘리면 산출량이 기하급수적으로 증가한다고 설명한다. 수확체증 현상은 대규모 초기 개발비용, 네트워크 효과(메트칼프의 법칙), 학습효과 등으로 설명할 수 있다.

전통적인 산업경제에서는 생산량이 계속해서 증가하면 한계에 도달하고 이후에는 감소한다는 수확체감의 법칙이 기본이었다. 물리적인 생산설비나 토지를 사용하여 생산할 경우, 최적 생산량을 넘어서는 생산이 이루어질 경우 비효율이 급격하게 증가하면서 비용은 증가하고 이익은 감소하는 현상을 설명한다. 하지만 디지털 경제에서는 기업이 초기에 대규모 투자를 통해 디지털 시스템이나 소프트웨어를 만들고 이를 플랫폼화할 경우, 추가 생산을 위해 투입되는 비용이 거의 발생하지 않기 때문에 초기 시장 진입에 성공하면 향후 큰 이익을 얻을 수 있는 구조가 만들어진다.

이러한 특성을 잘 보여주는 사례로 아마존, 구글, 카카오톡, 페이스북, 우버 등이 있다. 아래의 [그림16]은 수확체감의 법칙에서는 투입량이 높아질수록 산출량의 증가폭은 점차 감소하지만, 수확체증의 법칙에서는 투입량이 커질수록 산출량의 증가폭이 점차 증가함을 설명한다.

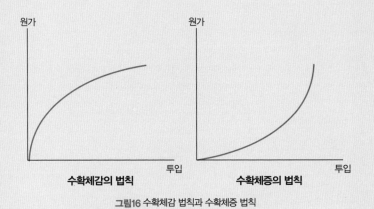

그림16 수확체감 법칙과 수확체증 법칙

파레토 법칙

'롱테일 법칙'은 파레토 분포Pareto distribution에서 설명하는 머리 부분의 20%가 아닌 꼬리 부분의 80%에 주의를 기울여야 한다는 것을 설명하는 이론이다. 파레토 분포는 19세기에 영국의 부와 소득의 분포를 연구한 이탈리아 경제학자 빌프레도 파레토Vilfredo Pareto가 발견한 것으로, 20%의 사람들이 80%의 부를 가지는 불균형 분포가 나타난다는 것이다. 이후 경제학자들이 이를 파레토 법칙으로 이론화했는데, 그 내용은 전체 결과의 80%가 전체 원인의 20%에 의해서 일어난다는 것이다. 기업의 예를 들면, 매출의 80%는 20%의 우량고객으로부터 발생한다는 것으로 설명할 수 있다. 이 법칙에 의하면 기업은 20%의 우량고객에게만 집중하는 전략을 선택하면 된다.

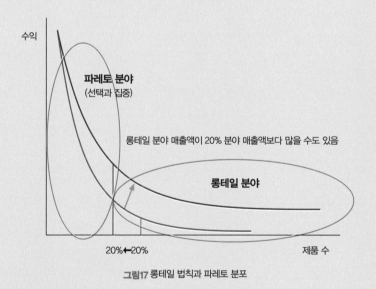

그림17 롱테일 법칙과 파레토 분포

이러한 파레토 법칙의 개념은 '선택과 집중'이라는 개념과 결합하면서 중요한 기업 경쟁전략으로 자리 잡게 되었다. 하지만 네트워크와 정보통신 기술의 발달은 파레토 법칙에 의거한 선택과 집중이라는 개념을 바꾸기 시작했다. 물리적 공간의 필요성이 감소했고, 글로벌화가 심화되면서 시장이 확장되었기 때문이다. 이러한 변화는 파레토 곡선을 우상향시켰고, 20%에 대한 기준선이 좌측으로 이동하면서 기업은 그동안 소외시켰던 80%에 대해 좀 더 많은 관심을 가져야 했다. 이것이 바로 롱테일 법칙이다.

롱테일 법칙은 파레토 법칙에서 소외되었던 80%의 고객에 대해서도 상당한 비즈니스 기회가 존재한다는 현상을 말한다. 롱테일 법칙은 왼쪽의 [그림17]처럼 주력상품은 아니지만, 작고 세분화된 고객의 니즈를 모두 모으면 20%보다 더 큰 비즈니스 기회를 만들어낼 수 있음을 보여준다.

디지털 시대에 접어들면서 기존에 소외되었던 무수히 많은 틈새상품들이 고객에게 팔려나갔고, 각각의 제품별 판매액은 작지만 이들을 다 모아보면 기업의 주력상품 매출액과 비슷한 규모가 되는 현상을 롱테일 법칙로 설명할 수 있다.

손익분기점

손익분기점 분석은 전통 산업경제에서도 가장 많이 사용되던 기업 경영분석 툴이다. 하지만 디지털 경제에서의 손익분기점은 전통 산업경제에서의 손익분기점과는 전혀 다르다.

손익분기점, 즉 BEP Break-Even Point는 자본, 시간, 원자재 등 수많은 투자활동에 적용할 수 있는 매우 유용한 경영분석 도구이자 투자분석 도구다. 손익분기점은 자본을 얼마나 지출하고 투자해야 하는지, 어느 정도의 수익을 예상할 수 있는지를 수치로 나타내준다. 즉, 손익분기점이란 일정 기간 동안의 비용과 수익이 일치하는 지점으로 손해와 이익이 같아지는 지점을 의미한다.

아래의 [그림18]과 같이 손익분기점의 아랫부분은 비용이 수익보다 커서 손해가 발생하는 부분이고, 손익분기점을 상회하는 부분은 비용보다 수익이 커서 이익이 발생하는 부분이다. 왼쪽 그림은 전통 산업경제 시대의 손익분기점을 나타내고, 오른쪽은 디지털 경제 시대의 손익분기점을 나타낸다. 일반적으로 기업의 비용은 고정비와 변동비로 구성되는데, 고정비는 매출액과 상관없이 발생하는 비용항목이며 변동비는 매출이 증가하면 그와 비례해서 증가하는 비용항목을 말한다. 총비용은 고정비와 변동비를 합한 것이다.

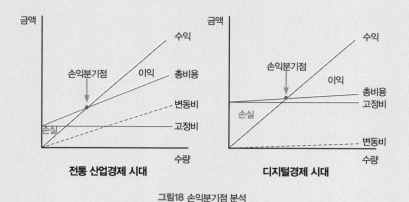

그림18 손익분기점 분석

양쪽의 그래프를 비교해보면 3가지 측면에서 다른 점을 발견할 수 있다. 첫째, 디지털경제 시대에는 일반적으로 초기 투자비가 매우 높아 산업경제 시대보다 고정비가 훨씬 높다. 둘째, 디지털경제 시대에는 변동비가 산업경제 시대에 비교해서 훨씬 낮다. 예를 들어, 마이크로소프트의 윈도우즈 운영체제와 오피스 프로그램의 수익구조를 생각해보면 이를 단번에 알 수 있다. 윈도우즈나 오피스와 같은 소프트웨어는 개발에 드는 초기 비용이 막대하지만 제품을 추가로 생산하는 데 들어가는 비용은 거의 없다. 소비자는 돈을 내고 데스크톱 컴퓨터나 노트북 등에 다운로드만 하면 소프트웨어를 이용할 수 있다. 추가 비용은 다운로드에 필요한 네트워크 이용 비용 정도다. 셋째는 생산량이 기하급수적으로 증가함에도 불구하고 변동비가 거의 들지 않기 때문에 손익분기점 이후 이익이 기하급수적으로 증가한다는 것이다.

넷플릭스, 스타벅스,
버버리에서 배워야 할 것들

디지털 트랜스포메이션이 기업 경쟁력에 미치는 영향은 자본시장에서의 반응으로 확인할 수 있다. 10년 전만 해도 전 세계 글로벌 기업의 시가총액 상위권은 거의 모두 석유나 가스, 통신, 금융기업 등이 차지하고 있었다. 하지만 최근에는 모두 디지털 서비스 기업들로 교체되었다. 또 시간이 지날수록, 상위로 갈수록, 시가총액의 격차가 더 크게 벌어지고 있다. 이는 다음의 [그림19]를 보면 확실히 알 수 있다.[38]

우버가 창업 5년 만에 100년 기업 GM의 시가총액을 뛰어넘었고, 에어비앤비가 창업 7년 만에 90년 역사를 가진 힐튼의 시가총액을 압도적으로 넘어섰다. 따라서 4차 산업혁명 시대에 기업의 디지털 트랜스포메이션은 혁신 그 자체이자 기업가치를 결정짓는 경쟁우위의 근간이 된다고 볼 수 있다.

　학계에서는 이미 1990년대 후반부터 디지털 트랜스포메이션에 대해 본격적으로 논의해왔다. 산업계에서도 IBM이나 글로벌 컨설팅 기관 IDC, A. T. 커니A.T.Kearney 등이 디지털 트랜스포메이션을 확산하기 위해 노력해왔다.

　디지털 트랜스포메이션은 하루아침에 일어난 것이 아니다. 인터넷 등 정보통신기술의 발전과 더불어 오랜 기간 진행되어온 진화 프로세스 같은 것이다. 다음의 [그림20]은 기업의 디지털 트랜스포메이션이 일어났던, 일어나고 있는, 그리고 일어날 4가지 영역(제품·서비스의 디지털화, 전달 프로세스의 디지털화, 생산·운영 시스템의 디지털화, 거래의 디지

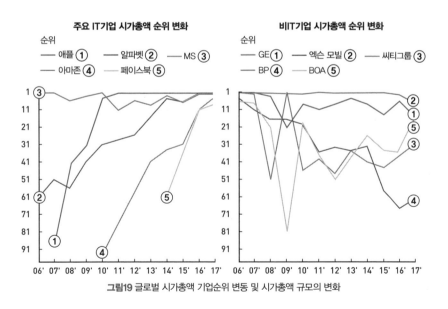

그림19 글로벌 시가총액 기업순위 변동 및 시가총액 규모의 변화

털화)을 요약해서 보여준다.

여기에서 제시된 4가지 디지털화 유형은 서로 유기적인 관계를 가지고 있으나 반드시 순차적으로 이루어지는 것은 아니다. 개별적인 트랜스포메이션만으로도 고객의 문제를 해결할 수 있고, 필요에 따라 모든 부분이 동시에 발생할 수도 있다.

인터넷과 정보통신기술이 발전함에 따라 제품과 서비스의 디지털화가 가장 먼저 이루어질 수 있는 기반이 마련되었다. 그리고 디지털화된 제품과 서비스를 전달하는 체계가 이어서 디지털화되었고, 이제는 생산과 운영 시스템이 점점 디지털화되어가고 있다. 앞에서 설명한 스마트팩토리, 스마트 서비스 등이 바로 그것이다. 또한 앞으로는

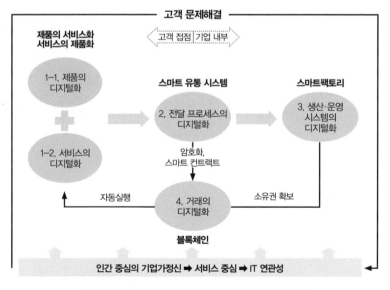

그림20 디지털 트랜스포메이션의 구성요소와 실현을 위한 기반

모든 거래가 디지털화될 것으로 예상된다. 거래의 디지털화는 블록체인 등의 기술을 기반으로 지불과 결제가 디지털화되는 것 외에도 거래의 자동실행이라든지, M2M Machine to Machine 거래까지도 포함한다.

디지털 트랜스포메이션으로 성공한 몇몇 기업의 사례를 살펴보자. 비디오 온디맨드 서비스 사례로는 넷플릭스가 있다. 넷플릭스는 인터넷이 본격적으로 사용되기 시작한 1997년 리드 헤이스팅스Reed Hastings와 마크 랜돌프Marc Randolph에 의해 설립되었다. 넷플릭스는 설립 당시부터 오프라인 매장을 가지지 않는 온라인 기업을 지향했다. 당시 2가지 상황이 넷플릭스 비즈니스를 가능하게 했는데, 첫째는 인터넷의 활성화로 오프라인 매장 없이도 비디오 렌탈 서비스가 가능해졌다는 것이고, 둘째는 사이즈가 큰 마그네틱 비디오카세트 테이프 대신 CD나 DVD를 사용하면서 배송비가 매우 저렴해졌다는 것이다. 지금은 온라인 스트리밍 서비스를 통해 버튼을 클릭하는 것만으로도 언제 어디서든 시청이 가능해졌지만, 당시에는 콘텐츠가 디지털로 변화하면서 소형화된 것만으로도 충분했다. 넷플릭스는 비즈니스를 더욱 진화시켜 고객의 데이터를 분석하고 그들의 취향에 맞는 영화를 추천하기 시작했는데 추후 이것이 핵심경쟁력이 되었다.

디지털 트랜스포메이션의 성공사례로 빼놓을 수 없는 또 다른 사례가 스타벅스다. 스타벅스는 전 세계 판매량 1위인 세계 최대 커피 전문점 체인이다. 소위 맛집을 평가할 때 '한 번도 못 먹어본 사람은 있어도 한 번만 먹어본 사람은 없다'고 하듯 스타벅스 역시 한 번도 안 가본 사람은 있어도 한 번만 가본 사람은 없는 기업이다. 스타벅스는 한때 고객 서비스에 대한 불만으로 브랜드이미지가 추락하여 경영에 어려움을 겪었다. 하지만 다각도의 디지털 트랜스포메이션을 끊임없이 시도했고, 그 결과 소비자 커뮤니케이션과 서비스 경험을 향상시켜 지금과 같이 성공가도를 달리게 되었다.

스타벅스는 매장에서의 고객경험을 극대화할 수 있도록 리워드 reward, 개인화, 사이렌오더siern order, 이지오더easy order, 그리고 결제pay-ment 시스템을 도입했다. 리워드는 음료를 구매한 횟수가 누적되면 등급을 올려주거나 무료음료를 제공한다. 개인화는 고객이 원하는 상품에 들어가는 세부 재료들(우유의 종류, 휘핑크림 등)을 변경할 수 있도록 하는 것이다. 사이렌오더와 이지오더는 매장에 방문하기 전에 먼저 모바일로 주문하고 시간에 맞춰서 가면 정확한 시간에 서비스를 즐길 수 있도록 지원한다.

마지막으로 스타벅스의 결제 시스템은 고객이 매장 안에 있든 밖에 있든 주문할 수 있도록 하며, 구매하거나 선물 받은 충전형 멤버십 카드로 자동결제할 수 있도록 한다. 이러한 방식들은 고객 충성도를 끌어올리면서 지속적으로 구매를 유인하도록 설계되어 있다. 스타벅스는 이처럼 다양한 디지털 기술들을 활용하여 긍정적인 고객 경험을 극대화하기 위해 노력하고 있는데, 여기서 가장 특징적인 것은 고객 개인의 실시간 데이터(제품 구매시간, 위치, 구매량 등)를 활용한다는 점과 주문부터 결제까지 끊김 없는 서비스를 제공한다는 것이다.

디지털 기술의 활용에 있어 스타벅스와 견줄 만한 기업이 버버리다. 버버리는 디지털 혁신과는 다소 거리가 멀어 보이는 패션기업이지만, 웹사이트 운영, 온라인 판매, 브랜드 철학에까지 디지털 트랜스포메이션을 입힌 럭셔리 패션업계의 디지털 트랜스포메이션 우등생이라고 할 수 있다. 버버리는 럭셔리 패션업계 최초로 언제 어디서나 고객이 버버리 브랜드를 경험하고 편리하게 쇼핑하며 소통할 수 있는 웹사이트를 구축했다. 전 세계 45개 국가에서 쇼핑할 수 있도록 6개 국어를 지원하고, 고객이 전화나 채팅을 활용해 하루 24시간 언제든지 제품에 대한 문의와 주문을 할 수 있는 서비스를 제공하고 있다. 또한 고객이 원하는 스타일의 트렌치코트를 직접 디자인하고 주문할 수 있도록 디자인-생산-전달-유통-거래를 디지털화한 '비스포크bespoke', 즉 맞춤제작 서비스도 2010년대 초반부터 발 빠르게 제공했다. 비스포크 트렌치코트는 실루엣, 원단, 컬러, 디자인 등을 고객이 직접 선택할 수 있는 개인 맞춤형 서비스로 120만 개의 조합을 제공한다.

버버리는 또한 다양한 소셜 미디어를 활용해 적극적으로 고객과 커뮤니케이션하고, 고객이 브랜드를 공감하고 경험할 수 있는 캠페인과 이벤트를 진행한다. 오프라인 매장, 온라인, 소셜 미디어의 다양한 고객 데이터를 통합, 분석해 고객이 언제 어디서 어떤 종류의 제품을 구매했는지를 파악할 수 있는 '고객 싱글뷰customer single view'를 만들었고, 자신만의 트렌치코트 이야기를 공유하는 '아트 오브 트렌치art of the trench' 이벤트를 진행했다. 뿐만 아니라 온라인의 장점인 정보 검색의 편리함을 매장에서도 느낄 수 있도록 플래그십스토어를 구현했고, 옷마다 RFID Radio Frequency Identification 태그를 부착해 제품을 선택하면 옆에 부착된 거울에 관련 동영상이 재생된다.

넷플릭스, 스타벅스, 버버리 외에도 다양한 성공사례가 있다. 국내 스타트업인 '스트라입스Stripes'는 온라인 남성 맞춤복 플랫폼으로 고객이 온라인으로 신청하면 스타일 컨설턴트가 고객의 체형, 피부톤 등을 고려하여 최적의 제품을 추천해준다. 스트라입스는 7만여 건의 고객 데이터를 통해 최적화된 정장 핏fit을 제공하고 대량 맞춤생산으로 고객에게 모듈화된 맞춤셔츠도 제안해준다.

귀뚜라미 보일러의 경우 앱을 통해 보일러 전원, 온도 조절, 예약 등을 제어하고 관리할 수 있는 스마트 보일러 시스템을 도입했다. 제어 시스템을 통해 해당 기업 기술 전문가가 고객 보일러의 상태를 확인하고 신속하게 유지, 보수하는 맞춤형 서비스를 제공한다.

미국의 스타트업 '와비파커Warby Parker'는 온라인 채널을 적극적으로 활용해 고객에게 안경을 착용해본 후에 선택하도록 하는 서비스를 제공한다. 고객은 온라인으로 5개의 안경을 선택한 후 5일 동안 무료체험을 하고 구매를 결정할 수 있다. 샘플 안경은 무료로 반품할 수 있고, 고객이 구매를 결정하면 시력 등 고객정보를 바탕으로 안경을 제작해 배송한다.

미국의 '리프트랩스Lift Labs'는 파킨슨병, 뇌졸중 환자들을 위해 센서를 부착한 숟가락을 개발했다. 이들이 식사할 때마다 손 떨림 때문에 겪는 어려움을 해결하기 위한 것이다. 이들은 포크, 열쇠 등에 센싱 기술을 적용함으로써 퇴행성 뇌질환 환자의 삶의 질을 개선했다는 평가를 받고 있으며, 구글과 협력해 스마트 콘택트렌즈 개발 등 4차 산업혁명에 걸맞은 헬스케어 연구개발을 지속적으로 진행하고 있다.

이처럼 다양한 산업영역에서 디지털 기술을 활용하거나 제품과 서비스의 융합을 통해 온디맨드 서비스 시스템이 개발되고 있다. 고객의 문제에 디지털 기술을 적극적으로 활용하고 실질적으로 문제를 해결함으로써 높은 부가가치를 창출했다는 공통점을 가지고 있다.

또한 이들은 모든 제품과 서비스에 기본적으로 컴퓨팅 기능을 탑재하고, 다양한 협력관계를 구성해 데이터, 애플리케이션, 인프라 등을 적극적으로 활용했다. 그 결과 고객들의 문제를 즉각적으로 해결할 수 있는 역량을 가지게 된 것이다. 특히 기술에 대한 투자나 집중도를 높이는 것보다는 고객이 가진 문제를 이해하고 그 문제를 해결하기 위한 솔루션을 만들어 고객이 필요한 시점에, 필요한 장소에서, 필요한 형태로 제공하는 역량을 갖추는 데 더 많은 노력을 기울였다.

유통, 물류, 전달 프로세스도 디지털로 변신 중

제품의 디지털화는 제품 자체의 일부 또는 전부를 디지털화하는 것을 말한다. 예를 들면 과거에 마그네틱테이프에 저장되어 있던 아날로그 영화를 디지털화되어 컴퓨터나 모바일에 저장하는 것, 2만 개 이상의 부품을 가진 자동차를 전장화하여 컴퓨터화하는 것이다. 냉장고, 세탁기 같은 가전제품만이 아니라 제조공장에서 사용하는 기계도 이제는 스마트팩토리라는 이름으로 거의 디지털로 바뀌고 있다.

서비스의 디지털화는 과거 인간의 노동에 의해 제공되던 서비스가 소프트웨어로 변하고, 온라인을 통해서 통제되는 것을 말한다. 기존에는 실물거래가 가능한 상품을 중심으로 이루어지던 유통 서비스가 소프트웨어화·플랫폼화되었다면, 이제는 오프라인에서만 가능하던 서비스 영역까지 소프트웨어화·제품화되고 있다. 기존에는 오프라인에서만 가능했던 택시 호출, 주차장 예약, 차량 수리, 세차, 헬스케어를 비롯해 미용 서비스, 레시피 제공, 식재료 구매, 의료, 법률 서비스까지 디지털 기술을 기반으로 제공되고 있다.

제품의 디지털화 사례는 음원이나 영상산업 분야에서 쉽게 찾아볼수 있다. 기존에는 음악이나 영화를 즐기기 위해서 카세트 플레이어와 아날로그 테이프를 사용했다. 하지만 음원이나 영상의 저장형태가 디지털로 변화하면서 CD나 DVD를 사용하다가, 최근에는 벅스나 멜론, 넷플릭스 같은 플랫폼에서 직접 다운로드를 받거나 스트리밍 서비스로 이용하게 되었다. 제품의 디지털화가 제품의 서비스화를 촉진한 사례다. 음원이나 영화 외에도 무인 자동차나 생산 로봇처럼 제품 자체가 완벽하게 디지털로 바뀌는 경우가 허다하다.

무인 자동차는 부품 대부분이 전장화되어 있고, 시스템 전체를 제어하는 부분도 소프트웨어다. 무인 자동차에 사용되는 디지털 기술 몇 가지를 예로 들어보면, 시각정보를 받아들이고 처리하는 시각 센서, 거리와 주행에 필요한 정보를 파악하는 초음파 센서나 레이더 레인지 파인더, 운행감시 고장진단 체계 기술, 지능제어와 지능운행 장치, 차선 이탈 방지 시스템, 주차 보조 시스템, 자동 주차 시스템, 그리고 사각지대 정보 안내 시스템 등이다. 이러한 모든 시스템들이 디지털화되고 통합되어 있어야 자율주행이 가능하다.

'서비스의 디지털화'의 대표적인 사례는 아마존이다. 온라인 서점으로 시작한 아마존은 서적뿐만 아니라 다양한 서비스들을 디지털화했다. 앞에서 자세히 설명한 것과 같이 완전히 무인화된 매장인 아마존 고라든지, 고객이 대시버튼을 누르기만 하면 물건이 배송되는 아마존 대시 시스템 등이 그것이다. AI 스피커 알렉사에게 물건 주문 혹은 음식점 예약 같은 일을 시키기도 한다. 이처럼 아마존은 모든 서비스를 디지털화하면서 그들의 슬로건인 '여기서 쇼핑이 끝난다And you're done'처럼 고객에게 모든 것을 제공하는 기업으로 진화하고 있다.

아마존의 스마트 유통·물류 시스템

'전달 프로세스의 디지털화'는, 말 그대로 제품이나 서비스가 고객에게 도달하는 과정을 디지털화하는 것이다. 간단한 예로 배달 앱을 통해 음식을 주문하고 결제하면 지정한 장소에 음식을 가져다주는 것을 들 수 있다. 한 음식점이 아닌 플랫폼에 올라와 있는 모든 음식점을 이용할 수 있어 더욱 다양한 메뉴를 쉽고 빠르게 주문할 수 있다. 전달 프로세스의 디지털화는 음악이나 영화, 소프트웨어를 내려받거나 시청하는 것처럼 온전히 디지털 프로세스를 통해서 일어나기도 하고, 드론이나 로봇과 같은 기기를 사용해서 물리적으로 전달하는 방식으로 일어나기도 한다.

전달 프로세스 디지털화의 핵심은 빠르고 정확하게 고객이 원하는 제품이나 서비스를 전달해야 한다는 것이다. 이를 위해서는 유통 프로세스를 최적화하고 정보가 유연하게 흐를 수 있는 체계를 갖추어야 한다. 유통·물류산업과 정보기술이 융합해 진화하는 스마트 유통·물류 시스템과 디지털 플랫폼이 유기적으로 활용되어야 하는 이유다.

서비스 기업뿐만 아니라 제조 기업의 경우에도 최근 생산·운영 시스템을 스마트팩토리 형태로 디지털화하면서 이와 함께 스마트 유통·물류 시스템을 자체적으로 구축하거나 아웃소싱하고 있다. 스마트 유통·물류는 제품의 주문, 생산, 포장, 운송, 판매 등의 전 과정에 첨단기술과 지능화된 소프트웨어를 적용하여 물류 프로세스를 효율화하고 유기적 체계를 갖추도록 최적화하는 것을 말한다.[39] 스마트 유통·물류는 아래의 [그림21][40]과 같은 요소들로 구성된다.

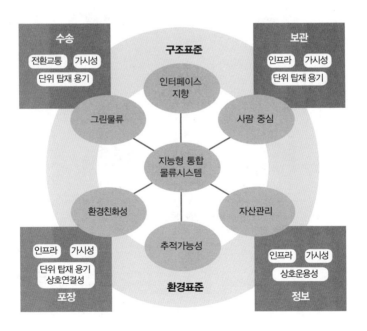

그림21 스마트 유통·물류의 요소

전달 프로세스의 디지털화와 관련한 혁신 사례로는 역시 아마존이 대표적이다. 아마존은 고객의 주문과 물류가 이원화되어 있던 기존의 물류센터를 주문·재고·유통을 직접 관리하는 주문이행센터, 풀필먼트 센터fulfillment center로 재정의하고, 고객의 다양한 주문을 예측 가능한 물류 시스템으로 구현하기 위해 직접 모든 시스템을 다시 개발했다. 예측배송이란 고객의 과거 구매이력, 검색했던 상품 정보, 장바

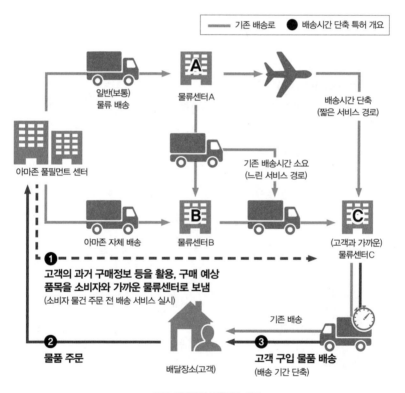

그림22 아마존의 예측배송 경로

구니 목록 등의 빅데이터를 분석하여 미리 상품 수요를 예측하고, 주문이 발생하기 이전에 고객과 근접한 물류센터로 보내어 고객이 해당 물품을 주문하면 곧바로 출고되도록 하는 온디맨드 배송 서비스다.[41]

또한 아마존은 창고 자동화 기업인 키바 시스템Kiva Systems을 인수하면서 자사 물류창고에 키바 창고 로봇을 도입했고, 현재 3만 대가 넘는 창고 로봇을 사용하고 있다. 이를 통해 물류창고 자동화를 추진했으며 창고 운영비용을 20% 절감하는 데 성공했다.

키바는 창고에 입고된 제품을 기록하고 특정 구역에 보관하고 있다가 고객이 주문하면 작업대로 이송한다. 작업자들은 키바가 가지고 온 제품을 고객의 요청에 맞추어 포장만 하면 되기 때문에 시간 낭비 없이 효율적으로 일할 수 있다. 키바는 상단의 적재선반을 통해서 453~1,360kg까지의 물품을 싣고, 4.8km/h 정도의 속도로 이동할 수 있다. 이동 중에는 적외선 센서를 통해 장애물과의 충돌을 피하고 자신의 위치를 파악한다. 키바가 도입되자 작업자들은 필요한 물건을 찾기 위해 넓은 물류창고를 번거롭게 직접 돌아다닐 필요가 없어졌고, 포장대에서 포장만 하면 되니까 훨씬 더 효율적으로 업무를 처리하게 되었다. 또한 키바는 사람이 관리하는 것보다 더 정확하게 재고를 관리해주어 재고관리의 정확성과 효율성 역시 향상되었다.

2014년 4월, '아마존 프라임 에어' 프로젝트를 발표했다. 아마존 배송센터에서 반경 16km 이내에서 주문하는 고객에게는 무인기 드론을 이용해 30분 안에 배송을 마치는 프로젝트다. 이 프로젝트는 물류회사뿐만 아니라 다양한 기업들의 관심으로 끌었다. 이러한 영향으로 세계적인 물류회사인 UPS와 DHL을 비롯한 여러 유통·물류 회사들도 연이어 로봇을 활용한 물류 서비스 계획을 발표하고 있다. 향후 무인택배 관련 기술은 전달 프로세스의 혁신에 큰 영향을 미칠 것으로 전망된다.

스마트 유통·물류 시스템으로 가장 잘 알려진 또 다른 회사는 알리바바다. 알리바바는 수년 전부터 입고, 적치, 피킹, 포장 등에 이르는 물류의 전 과정에 로봇을 적용해 스마트 유통·물류 시스템을 구축하고 지속적으로 고도화해 나가고 있다.

우리나라 물류 업계도 스마트 유통 시스템을 빠르게 구축해나가고 있다. CJ대한통운의 스마트 유통 시스템은 각종 디지털 기술로 구축된 플랫폼을 기반으로 전달 프로세스를 디지털화하고, 물리적 이동 과정을 자동화했다. 또한 데이터 분석을 통해 기존 시스템의 개선과 혁신이 가능해졌고, 전체의 흐름을 투명하게 모니터링할 수 있다. 최신 기술을 이용한 디지털 융합으로 새로운 가치를 창출한 사례다. CJ대한통운처럼 배송 인프라를 직접 구축하지 않아도 우버 등 온디맨드 운송서비스 기업과의 제휴를 통해 스마트 유통을 실현하는 기업 또한 많아지고 있다.

지멘스의 디지털트윈과
마인드스피어

생산·운영 시스템의 디지털화는 제품이나 서비스의 생산과 운영 시스템 전반을 디지털화하는 것이다. 통합 생산실행 시스템MES, Manufacturing Execution System과 통합 자원관리 시스템ERP, Enterprise Resource Planning 각종 센서를 포함한 사물인터넷, 인공지능, 로봇, 디지털트윈 등 다양한 디지털 기술이 사용된다.

생산·운영 시스템을 디지털화하면 무엇이 좋을까? 앞에서도 살펴보았듯이, 자원과 프로세스의 표준화와 모듈화를 기반으로 만들어진 유연하고 빠른 생산체계를 통해, 고객이 원하는 제품이나 서비스를 고객이 원하는 시간에 맞춰 생산할 수 있다. 물론 고객이 수용할 수 있는 원가와 완벽한 품질까지 보장된 솔루션을 만들 수 있다.

생산·운영 시스템 디지털화의 대표적인 형태가 앞에서 설명한 스마트팩토리다. 스마트팩토리의 핵심은 유연하면서도 지능화된 생산 공정을 통해 운영의 효율을 극대화하고 제품이나 서비스의 완성도를 높여 고객 문제해결의 정확도를 높이는 것이다. 따라서 스마트팩토리 구축에서 중요한 것은 단순히 생산이나 운영업무를 자동화하는 것이 아니라, 스스로 생각하고 돌발상황에 대처할 수 있는 신뢰할 만한 제조·운영 시스템을 만드는 것이다. 스마트팩토리는 공정의 효율, 에너지 절감, 인간 중심의 공장 등 다양한 영역으로 확장되면서 산업과 기업의 경쟁력 제고에 필수적인 수단이 되고 있다.

생산·운영 시스템 디지털화의 대표적인 사례인 독일의 지멘스에 대해 자세히 알아보자.[42] 지멘스는 전자·전기 분야에서 가장 혁신적인 기업으로 알려져 있다. 지멘스는 1879년 세계 최초로 외부 전력에 의해 움직이는 전기 기관차를 개발했고, 1880년에는 지금과 같은 전동기에 의해 움직이는 엘리베이터를 제작했다. 이후 인공 심장 박동기, 뇌 단층 촬영기, 컬러 액정 휴대폰 등을 세계 최초로 만들었다. 2000년대부터는 에너지, 산업 자동화, 헬스케어 분야로 사업을 확장하면서 성장을 거듭해왔다. 하지만 최근 들어 신흥국들의 기술발전과 저가공세로 독일 제조업 기업들이 위협받기 시작하면서, 지멘스도 영향을 받게 되었다. 이러한 문제를 해결하고 독일 제조업의 경쟁력을 회복하기 위해 제시된 것이 맨 앞에서 이야기했던 '인더스트리 4.0' 혹은 '플랫폼 인더스트리 4.0'이다.

소프트웨어나 플랫폼 경쟁력이 탁월한 미국에 비해 독일은 제조업 경쟁력에 우위를 가지고 있었다. 위기를 감지한 독일은 제조 경쟁력을 더욱 향상시키기 위해 인더스트리 4.0 프로젝트를 시작했고, 그 해결방안으로 첨단 IT산업과 제조업의 유기적 결합에 역량을 집중했다. 미국처럼 IT 위주로 산업구조를 바꾸는 것은 한계가 있다고 판단했기 때문이다. 또한 기존에 강점이 있던 전통 제조업에 IT를 융합해 산업 경쟁력을 회복하겠다는 의미였다.

이러한 전략적인 방향설정 덕분에 인더스트리 4.0에서 스마트팩토리는 가장 중요한 요소가 되었다. 지멘스는 제조업 혁신을 위한 인더스트리 4.0의 과제를 크게 3가지 통합으로 봤다. 첫째 제품개발 가치사슬의 수평적 통합, 둘째 엔지니어링 통합, 셋째 공장 생산설비의 수직적 통합이 바로 그것이다. 지멘스는 3가지 통합을 위한 핵심 수단으로 스마트팩토리를 통한 생산·운영 시스템의 디지털화를 제시했다.

지멘스는 스마트팩토리로 생산·운영 시스템을 디지털화함으로써 다양한 성과를 거두고 있다. 고객이 직접 디자인한 제품을 실시간으로 제작할 수 있고, 99.7%의 제품이 주문 후 24시간 이내에 출하되며, 불량률 0.001%를 실현했다. 그뿐 아니다. 1989년 암베르크 공장 설립 당시의 근로자 수를 그대로 유지하면서도 생산량은 13배나 증가시켰다.

지멘스는 고객의 디자인 참여를 활성화하면서도 불량률을 획기적으로 낮추기 위해 '디지털트윈'을 적극적으로 활용한다. '디지털트윈'은 물리적 실체와 똑같은 디지털 복제품을 말한다. 제품을 생산하기 전에 디지털 디자인을 통해 디자인하고, 실제 생산공정과 동일한 조건을 갖춘 디지털 생산라인을 활용해 제품을 만든 후 디지털로 테스트하고 문제점을 분석한다. 제품개발부터 생산, 테스트의 모든 과정을 가상의virtual 시제품인 '디지털트윈'으로 수행하기 때문에 실물을 제작하는 과정보다 훨씬 싸고 안전하며, 빠르고 편리하다.

지멘스는 또한 스마트팩토리와 스마트머신에 1,000개의 센서와 스캐너를 설치하여 제품 수명주기에 따라 제품의 상태를 관찰하고 오류 발생 현황을 분석하고 있다. 매일 5,000만 건의 제조 현황 데이터를 분석하고 변경사항을 즉각적으로 반영하여, 자동으로 작업을 수정하고 오류를 교정한다. 제조공정의 단계마다 제품의 이상 유무를 점검하기 때문에, 불량제품이 생산되면 그 제품이 몇 번째 라인에서 언제 생산됐는지, 해당 생산라인의 상황은 어떠했는지를 확인할 수 있고, 문제해결을 위해 해당 라인의 생산속도를 변경하거나 문제가 된 부품을 교체할 수 있다.

온디맨드 서비스 시스템 관점에서 보면 생산·운영 시스템 디지털화의 전초기지인 암베르크 공장은 거의 개인화에 가까운 제조역량을 보여준다. 1년에 5,000여 차례 정도 생산라인의 셋업을 바꾸면서 1,000가지가 넘는 변형된 제품을 생산한다. 이와 같은 생산라인의 유연성은 지멘스가 고객의 요구에 실시간으로 대응할 수 있도록 지원한다.

여기서 한 가지 중요한 사실은, 지멘스의 암베르크 공장이 스마트팩토리라는 이름으로 자동화만 추구한 것이 아니라 기계와 인간의 조화로운 공존(기계는 단순노동을 대체하고 근로자들은 더욱 고도화된 업무, 즉 데이터 분석이나 시스템 관리를 수행)을 통해 최적의 생산성을 추구한다는 것이다. 앞에서도 말했지만, 공장 완공 당시와 동일한 면적, 근로자 수를 유지하면서 생산량을 무려 13배나 향상시켰다는 사실이 이를 증명한다.

또한 지멘스의 스마트팩토리는 '마인드스피어MindSphere'라는 산업용 클라우드 솔루션을 통해 한 단계 더 진화하고 있다. '마인드스피어'는 클라우드 기반의 오픈 IoT 운영체제로, 일반적인 클라우드컴퓨팅 솔루션이 그렇듯이 고객들이 제품이나 소프트웨어를 구입한 후에 따로 관리할 필요가 없도록 다양한 기능과 인프라를 지원한다. 마인드스피어는 고객의 수요와 패턴에 대한 데이터를 수집해 분석하고 이를 실시간으로 생산관리나 재고관리에 반영하도록 지원한다.

대표적인 예로는 네덜란드 동겐Dongen에 위치한 코카콜라 공장이 있다. 이 공장은 마인드스피어 플랫폼을 통해 소형 모터 150개의 작동 오류를 사전에 감지함으로써 시스템 고장으로 인한 공장 다운타임down time 발생을 15%나 단축했다.

지멘스는 원래 전통적인 IT서비스 기업이 아니지만 스마트팩토리를 만들고 이를 플랫폼화하여 제조기업들에게 제공하면서 새로운 비즈니스 영역을 개척하고 있다. 이들의 가장 핵심적인 강점은 제조회사로서 산업에 대한 이해가 깊고, 제조공정을 잘 운영해본 노하우와 지식을 가지고 있다는 점, 그리고 제조공정과 운영관리에 대한 노하우를 디지털로 변환하는 데 투자를 아끼지 않았다는 점이다. 지멘스는 디지털 트랜스포메이션을 위해 과감하게 소프트웨어 회사들을 인수하기도 했다.

결제부터 자산관리까지
블록체인과 거래 자동화

'거래'란 일반적으로 '재화나 서비스를 구매하고 돈을 지불하는 것'을 의미한다. 거래의 디지털화는 거래정보, 계약, 결제 등 상거래에 수반되는 요소들을 디지털화하는 것이다. 다시 말해서 거래의 디지털화는 제품이나 서비스를 주고받는 과정에 디지털 기술을 이용해 거래 당사자 간 신뢰를 확보하면서도 편리하고 유용한 방법으로 거래가 이루어지도록 하는 것이다.

지금까지 가장 대표적인 '거래의 디지털화' 사례는, 온라인상에서 재화나 서비스를 거래하는 전자상거래라고 볼 수 있다. 전자상거래 플랫폼이 제품이나 서비스 거래에 대한 신뢰성을 담보해주고, 금융기관들이 지급결제의 신뢰성을 확보해주면서 급격하게 팽창해왔다. 최근에 폭발적으로 성장하고 있는 핀테크 산업 역시 거래의 실시간성과 편리성을 향상시키면서 거래의 디지털화를 촉진하고 있다.

핀테크는 물리적인 점포와 지점, 실물화폐, 신용카드에 기반을 둔 대면 서비스 위주의 금융거래 관행을 비대면과 모바일 중심으로 바꾸고 있다. 핀테크 기술이 가져오는 금융 서비스 혁신은 은행권에만 한정되는 게 아니다. 지급결제를 시작으로 보험이나 자산운용 등 금융 서비스에 관한 전 영역으로 확산되고 있다. 예를 들어 차량에 센서를 달아 운전습관을 분석하고, 이를 바탕으로 보험료를 차등 적용하거나 빅데이터로 기업가치를 분석해 스마트폰으로 실시간 조언을 해주는 서비스도 나왔다.

또한 새로운 사업을 시작하기 위한 자금조달도 과거에는 은행에서 대출을 받거나 벤처캐피털 외에 다른 방법이 없었다면, 이제는 크라우드 펀딩을 통해서도 가능해졌다. 개인의 자산관리도 이제는 자산운용사를 통해서가 아니라 핀테크 기업을 활용한다. 핀테크 기업이 제공하는 컴퓨터 기반 인공지능 분석 등을 활용해 자산관리를 손쉽게 할 수도 있다. 이러한 서비스들은 이미 실제로 활용되고 있다.

온디맨드 서비스에서 결제는 매우 중요하다. 만약 결제방법이 어렵거나 번거롭다면 고객은 서비스 이용을 포기하거나 다른 유사 서비스를 선택할 수도 있다. 그리고 한 번 불편함을 느낀 고객은 다시 그 서비스를 선택하지 않을 가능성이 높다. 즉, 온디맨드 서비스를 자주 이용하게 하기 위해서는 간편한 결제가 필수다. 언제 어디서든 거래와 동시에 쉽게 결제할 수 있도록 하는 서비스들이 온디맨드 시장을 장악할 수밖에 없다.

또 한 가지 중요한 것은 '거래의 자동화'다. 지금까지의 거래는 사람이 직접 개입해야 했고 거래가 끝난 이후에도 지급결제와 관련한 다양한 이슈들이 발생해서 복잡성이 매우 컸다. 사람과 사람의 거래뿐만 아니라 사람과 기계, 기계와 기계 간의 거래, 계약조건만 충족되면 자동으로 이루어지는 거래, 거래 기록이 안전하게 보관되어 변조가 불가능한 거래 등 다양한 거래의 요소들이 디지털화되어야 한다.

현재는 블록체인의 등장으로 거래의 안전성, 편리성, 용이성 등이 향상되고 있다. 특히 거래의 디지털화에 가히 혁명적인 변화를 가져왔다. 블록체인을 통해 거래의 디지털화가 이루어지면 콘텐츠의 소유자가 누구인지, 콘텐츠가 훼손되지는 않았는지, 콘텐츠 거래를 신뢰할 수 있는지 등을 명확하게 알 수 있다. 여기에 '스마트 계약'이 추가됨으로써 거래 자체의 시간과 조건을 통제할 수 있어, 거래의 디지털화가 더욱 빨라지는 추세다.

예를 들어, 고객이 음원 서비스를 사용하기 위해 블록체인을 이용한 스마트 계약을 체결했다고 치자. 고객은 음원 하나를 내려받을 때 99센트를 지불한다. 지금은 사용자가 애플뮤직이나 스포티파이 혹은 멜론에 돈을 내고, 이들 회사가 가수, 작곡가, 작사가, 음반회사에 배분하는 방식이다. 하지만 스마트 계약을 이용하면, 고객이 돈을 지불하는 바로 그 순간, 배분율에 따라 여러 이해관계자에게 직접 배분된다. 또 다른 예로 자동차 렌탈 서비스의 스마트 계약이 있다. 자동차를 장기 렌탈해 매월 렌탈료를 지불하는 고객이 있는데 다음 달 렌탈료를 내지 못했다고 치자. 그러면 렌탈료가 연체되는 즉시 자동차 문이 잠기거나 시동이 걸리지 않도록 자동으로 조치된다.

이러한 개인 간 혹은 개인과 기업의 거래 이외에 기업 간 거래에도 스마트 계약이 폭발적으로 늘어날 것이다. 기업 간의 거래를 예로 들면, 웹사이트 개발회사인 A사와 클라이언트인 B사가 웹사이트 개발에 관한 계약을 했다. A사가 약속한 날짜에 웹사이트를 구축해 관리자 계정의 ID와 비밀번호를 B사에 보내주면 B사는 지체 없이 약정된 개발비를 보내야 한다. 이제까지는 이러한 대금결제 프로세스를 사람이 처리해왔지만, 앞으로는 스마트 계약을 통해 처리하게 된다. 이 외에도 부동산 거래, 에너지 거래, 자동차 리스, 수출·통관, 보험급 지급, 심지어 투표 시스템 등에도 블록체인을 활용한 스마트 계약이 이루어질 것이다.

세상의 모든 불편함을 해결하는 온디맨드 – 온디맨드 서비스 유형과 사례

온디맨드 서비스는 기본적으로 고객의 문제를 이해하는 것과 그에 대한 솔루션을 창출하는 데서 시작된다. 사실 고객의 문제를 이해하는 것은 아주 쉽다. 왜냐하면 인류는 기본적으로 늘 좀 더 편안한 삶, 즉 누군가가 내 일을 대신 해주는 삶을 꿈꿔왔기 때문이다. 주변을 잘 들여다보면 고객의 문제를 해결할 수 있는 다양한 솔루션을 생각해낼 수 있다. 다만 문제는 이것들을 어떻게 개념화하고, 온디맨드 형태로 만드느냐다.

여기서는 다양한 분야에서 활발하게 이루어지고 있는 온디맨드 서비스들을 전체적으로 살펴볼 것이다. 이미 실생활에서 많이 사용하고 있는 서비스도 있고, 앞에서 자세히 설명한 서비스도 있지만, 온디맨드 서비스의 유형과 사례를 종합적, 전체적으로 파악할 수 있을 것이다.

대분류	중분류	설명
차량/이동	차량 공유	모바일 앱을 통해 차량 공유 및 예약, 결제하는 서비스
	카풀, 대리기사	모바일 앱을 통해 카풀 혹은 대리기사를 호출, 예약, 결제하는 서비스
	주차	모바일 앱을 통해 주차공간 검색, 예약, 결제하는 서비스
	차량 구매, 정비	차량 구매, 정비 관련 업체 조회, 비교견적, 예약, 결제하는 서비스
음식/배달	음식 주문	온라인으로 음식을 주문, 예약, 배달하는 서비스
	배달	음식 및 기타 물품 배달, 배달지원하는 서비스
	신선식품, 식자재	신선식품, 식자재 등 식품 전문 커머스 서비스
	푸드테크, 솔루션	레스토랑 및 식음료 전문점 관련 테크, 솔루션
홈서비스/예약	숙박 예약, 공유	모바일 앱을 통해, 호텔, 모텔, 펜션 등을 조회, 예약, 결제하는 서비스
	부동산 거래	주거용, 상업용 부동산 매물 검색, 조회, 예약, 중개하는 서비스
	인테리어, 리모델링	인테리어, 리모델링 업체와 수요자 간 중개 서비스
	홈디자인, 가구	홈디자인 관련 콘텐츠 공유, 가구 등 홈디자인 소품 커머스 서비스
	집안일	청소, 세탁 등 집안일 관련 서비스 제공, 유휴인력 중개 플랫폼
	정기 렌탈, 배송	정기 렌탈, 정기 배송 커머스
레저/인포테인먼트	아웃도어, 레저	여행, 아웃도어 액티비티, 기타 레저 상품 조회, 결제하는 서비스
	콘텐츠, 이벤트	콘텐츠, 이벤트 관련 정보 검색, 예약, 결제하는 서비스
	교육, 육아	교육 및 육아 관련 정보 검색, 예약, 결제하는 서비스
반려동물/뷰티	패션	패션 관련 수요에 즉각 대응할 수 있는 서비스 전반(커머스 포함)
	뷰티, 헬스	뷰티, 헬스 관련 정보 검색, 예약, 결제하는 서비스
	반려동물	반려동물 관련 수요에 즉각 대응할 수 있는 서비스 전반(상담, 커머스 등)

그림23 온디맨드 서비스 유형과 사례

1. 이동 서비스

모빌리티 온디맨드 서비스는 고객이 어딘가로 이동하고 싶을 때 고객의 상황에 맞는 교통수단을 고객이 원하는 시간과 장소에서 제공하는 서비스를 말한다. 이를 제공하기 위해서는 자동차, 모터사이클, 드론, 비행기, 기차, 버스, 자전거 등 다양한 이동수단이 준비되어 있어야 하고, 이들의 위치가 확인되어야 한다. 또한 사용방식과 과금방식도 결정되어 있어야 한다. 자동차형 이동수단의 예로는 혼자서 타고 다니는 세그웨이와 같은 교통수단, 날아다니는 오토바이, 교통용 드론, 물속을 다니는 차 등이 있다.

기존에는 땅 위로 다니는 이동수단들이 주로 사용되었다면 이제는 조금 더 빠르고 편안하게 이동하기 위해 하늘을 나는 이동수단들이 많이 개발되고 있다. 하늘을 나는 자동차, 즉 플라잉카 영역에는 기존의 자동차 회사, 드론 개발회사, 항공기 제조사들이 진입하고 있다.

현실로 다가온 자율주행 플라잉카

테라푸지아는 플라잉카 전문회사로 목적지를 입력하면 자율주행 방식으로 날아서 목적지에 도착하는 플라잉카 트랜지션을 만들었다. 헬기처럼 수직 이착륙이 가능하고 좌우에 있는 날개를 이용해 비행한다. 비행 시 최고 속도는 시속 320km/h까지 가능하다고 알려져 있다. 네덜란드의 항공기 개발업체 PAL-V가 만든 플라잉카 PAL-V 원one은 비행거리가 500km이며 최고 속도는 시속 160km/h, 도로에서의 주행거리는 1,300km이고 최고 속도는 시속 180km/h이다.

슬로바키아의 에어로모빌은 2인승 플라잉카로 비행거리는 700km, 최고 속도는 시속 200km/h이며, 도로 주행거리는 875km, 최고 속도는 시속 160km/h이다. 이러한 제품들을 개인의 필요에 따라 언제 어디서나 비행할 수 있는 온디맨드 에어 모빌리티인 셈이다.

개인이 소유하고 운전할 수 있는 플라잉카 대신 택시처럼 이용할 수 있는 서비스도 있다. 이탈리아의 팝업은 드론, 캡슐, 자율주행 가능 전기차가 모듈로 구성되어 있다. 승객이 타는 곳은 캡슐인데, 다양한 종류의 자율주행차 중 하나에 탑재해 최적의 교통코스를 제공한다. 우버 또한 자율주행 플라잉카를 활용한 에어택시 서비스를 조만간 미국의 캘리포니아에서 현대자동차와 함께 시작할 것이라고 발표했다. 이처럼 다양한 장소에서 다양하게 이용 가능한 플라잉카는 UAV Un-maned Aerial Vehicle라는 이름으로 자율주행과 함께 부상하고 있다.

무인 자율운항 스마트십

모빌리티에서 자동차 말고도 빠르게 변화하고 있는 분야가 바로 스마트십, 즉 선박이다. 노르웨이의 야라 인터내셔널은 전기로 움직이는 무인 자율운항 선박인 야라 비르셸란Yara Birkeland을 건조하고 2020년 내에 시범운항을 마칠 것이라고 발표했다. 전기로 움직이기 때문에 환경에 피해를 주지 않을 뿐만 아니라 유지비용이 적게 든다고 한다. 자율운항 선박은 GPS, 적외선 카메라, 운항 관련 센서, 고성능 통제 시스템 등을 활용하는데, 2019년까지는 원격제어로 운항

했고 조만간 100% 무인화될 것으로 예상된다.

노르웨이 외에도 여러 나라에서 자율운항 선박을 개발하고 있다. 일본 해운업체인 NYK와 중국의 CSSC도 자율운항 선박 개발에 뛰어들었다. NYK는 2019년에 북미에서 시험운항을 했고, CSSC는 선박 생애 데이터를 축적하고 분석하여 자율운항 선박의 고도화에 집중하고 있다.

연결과 공유로 이동수단의 서비스화 실현

이와 같은 모빌리티 온디맨드 서비스는 자동차, 비행기, 선박 등 기존 이동수단의 디지털화에서 혁신이 시작되었지만, 한편으로는 '제품의 서비스화' 개념에 착안해 새로운 비즈니스모델을 구현하는 경우도 있다. 예를 들면 우버는 회사가 소유한 차량이 아니라 운전자들이 가지고 있는 자동차를 고객들과 연결해주는 서비스로 모빌리티 온디맨드 서비스를 실현하고 있다.

이와 유사하게 우리나라에서는 카카오택시처럼 기존의 택시를 승객과 연결하여 온디맨드 모빌리티 서비스를 제공한다. 카카오택시는 승객이 원하는 위치에서 택시를 호출하면 가장 가까이에 있는 택시기사에게 전달된다. 승객은 기다리지 않고 가까운 데 있는 택시를 탈 수 있고, 택시 역시 승객을 찾아 돌아다니지 않아도 승객을 확보할 수 있다.

개인이 소유한 차량이나 택시를 이용하는 것 외에도 차량공유 서비스를 이용한 온디맨드 모빌리티 서비스가 있다. '쏘카' 같은 차량공유 서비스는 이용 가능한 차량을 물색하고 요금을 지불한 후에 최종 목적지 근처에서 차량을 주차하면 된다. 이 모든 프로세스는 모바일 기기를 통해 이루어진다.

도요타의 e-팔레트와 헬싱키의 휨 서비스

현재의 온디맨드 모빌리티 서비스들이 개인이 가진 자동차를 활용하거나 혹은 서비스 제공회사의 자동차를 사용하는 것들이지만 운전은 여전히 사람이 한다. 하지만 도요타의 e-팔레트 서비스는 차량에 대한 개념과 공유의 방식을 완전히 다르게 설계했다. 도요타의 자율주행차량 e-팔레트는 자율주행 자동차, 승차 공유, 전자상거래, 경험 서비스를 통합한 개념이다.

다양한 규모의 자율주행 자동차가 고객이 원하는 장소를 찾아가 모바일로 문제를 해결해주는 서비스를 지향한다. 특정 매장에 찾아가지 않아도 내가 필요로 하는 순간에 가까운 곳에서 사용할 수 있는 서비스, 예를 들면 승차 공유, 소매점, 약국 혹은 음식점까지도 포괄하는 서비스를 지향한다는 것이다. e-팔레트 위에 비즈니스 파트너들이 제공하는 다양한 서비스를 얹으면 그야말로 모빌리티뿐만 아니라 모든 종류의 온디맨드 서비스가 가능해진다.

핀란드 헬싱키는 '승용차 없는 도시'를 만들기 위해 시민들이 이동 수단을 소유하지 않아도 편리하게 생활할 수 있는 환경을 조성해나가고 있다. 월정액제로 운영하는 '휨Whim'이라는 플랫폼을 개발해 원스톱 이동 서비스를 제공한다. 휨을 통해 대중교통, 자동차 공유, 자전거 렌탈, 택시 호출 등을 이용하여 원하는 곳에 도착할 수 있다.

주차공간을 찾느라 고생한 경험, 꽉 막힌 도로에서 오도 가도 못해 짜증 났던 기억이 다들 있을 것이다. 모빌리티 서비스는 도로 위에서 낭비했던 시간을 절약해주고, 사람들의 생활반경을 넓혀준다. 뿐만 아니라 같은 비용으로 더 먼 곳까지 편리하게 이동하게 해준다.

모빌리티 온디맨드가 대세로 자리 잡으면 이들을 수용하기 위해 도로와 건물의 형태는 물론이고 도시 공간 자체가 바뀔 것이다. 앞에서 말했지만, 공간이 바뀌면 사회의 구조가 바뀌는 것은 시간문제다. 이렇게 변화하는 기술, 제품, 공간, 구조에 대응하려면 도시 행정 역시 선제적으로 변화를 대비하고 받아들여야 한다.

2. 표현 서비스

태초부터 인류는 생각을 표현하기 위해 여러 수단을 사용해왔다. 고대 동굴벽화부터 현대의 SNS까지 모두 인간의 표현 수단이다. 그중 언어가 가장 대표적인 수단이고, 종이나 펜 등의 필기구, 인쇄된 보고서, 프레젠테이션을 위한 빔프로젝터 등이 동원되고 있다. 하지만 대부분 내 생각을 적절하게 표현해주는 도구를 찾기가 쉽지 않다. 이럴 때 내가 가지고 있지 않아도 혹은 가지고 다니지 않아도 편리하게 사용할 수 있는 무언가가 있다면 유용하지 않을까?

익스프레션 온디맨드 서비스는 사용자가 시공간적 제약 없이 자신이 가진 생각이나 의견을 표현하고 공유할 수 있도록 하는 서비스를 말한다.

컴퓨터 필요 없는 휴대형 미니 빔프로젝터

규모가 작든 크든, 기업에서 하는 중요한 회의에는 늘 발표를 위해 파워포인트 슬라이드와 빔프로젝터를 사용한다. 그런데 빔프로젝터가 설치되어 있지 않은 장소에서 회의하는 경우 매우 난감한 상황이 벌어진다. 회의가 제시간에 이루어지지 않으면 참석자들의 귀중한 시간을 허비할 수 있고, 다음 일정을 망칠 수도 있다. 이러한 문제를 해결하기 위해 리코는 미니 빔프로젝터를 출시했다. 소형이라 휴대하기도 편하고, 컴퓨터에 직접 연결해 사용할 수도 있으며, USB를 빔프로젝터에 직접 꽂아 사용할 수도 있다. 여기에 어플리케이션과 클라우드 서비스를 통해서 정보공유도 할 수 있고, 실시간으로 내용을 수정할 수도 있다. 컴퓨터나 단말기 없이 최소의 공간만 확보하면 프로젝터만으로도 회의가 가능하다. 근거리와 수직으로 화면을 비춰주는 기술을 이용하여 공간제약을 해소했고 해상도 등에도 문제가 없다.

포스트 코로나 시대 필수 커뮤니케이션 서비스

또 다른 예로는 알서포트에서 출시한 '리모트 미팅 박스'가 있다. 이 서비스는 클라우드 기반의 서비스로 네트워크가 연결된 기기만 있으면 화상회의를 진행할 수 있어서, 과거에 화상전화나 화상회의를 진행하기 위해 갖춰야 했던 기기들이 필요 없어졌다. 쉽게 참여할 수 있어 협업이 원활해지고, 회의록 작성도 쉬워진다. 기존에는 회의가 끝나면 회의록을 작성하는 사람이 회의 중에 기록한 내용을 저장하거나 관리했는데, 이 서비스를 사용하면 화면을 캡쳐하고 녹화하면 된다. 또 회의 중에는 발표자가 보고 있는 화면을 참석자들과 공유할 수 있으며 채팅도 가능하다. 외부 사용자를 쉽게 초대해 회의에 참여시킬 수 있으며, 말하는 사람을 감지해 메인화면에 띄워주기 때문에 회의 집중도도 높아진다.

최근에는 스마트폰이나 인간의 신체에 삽입된 칩에서 홀로그램을 만들어내 프레젠테이션이나 커뮤니케이션에 활용하는 여러 기술이 개발되고 있다. 이러한 기술들이 상용화된다면, 사람들은 시간이나 장소를 가리지 않고 자신이 말하고 싶은 내용을 더욱 효율적이고 편리하게 보여줄 수 있을 것이다.

3. 지식 서비스

지식 온디맨드 서비스는 고객이 일하다가 혹은 대화하다가 무언가 모르는 사항이 생기면 해당 맥락에 맞는 지식을 쉽게 이해하고 사용할 수 있는 형태로 바로 제공해주는 서비스를 말한다. 전통적으로 지식을 획득하기 위해 사람들은 교육기관에 돈을 내고 다니거나 온라인 교육 프로그램을 이용해왔다. 하지만 이제는 지식을 얻을 수 있는 창구가 폭발적으로 늘어났고, 교육 서비스 역시 매우 다양해졌다.

가장 각광받는 지식 서비스, 유튜브

최근에 가장 각광받는 새로운 지식 서비스는 유튜브다. 유튜브는 전 세계인이 각자가 가진 지식이나 스킬을 동영상 콘텐츠로 공유하는 서비스다. 어린 학생부터 성인까지 누구나 사용할 수 있는 데다, 음식을 만드는 과정, 여행지에 대한 궁금증, 심지어 컴퓨터 프로그래밍 과정까지 모든 지식이 모듈화되어 포스팅되고 활용된다. 2010년 실시간 스트리밍 서비스가 도입되고 나서부터는 개인용 채널이 만들어져서 상호작용도 더 활성화되었다. 이제는 학교에 가지 않고도, 특정 교육기관에 다니지 않아도 알고 싶은 분야의 지식을 원하는 시간과 장소에서 마음껏 습득하고 활용할 수 있다.

단편적인 지식 서비스를 한데 모은 커넥츠

교육에만 특화된 디지털 플랫폼도 있는데 바로 '커넥츠Conects'다. 커넥츠는 영단기, 공단기, 스카이에듀, 리브로, 키즈스콜레 등 70여 개의 교육 사이트를 통합한 플랫폼이다. 동영상 콘텐츠에 따라서 강연, 강의, 도서, 과외 형식의 교육 등 5개 유형으로 분류하여, 필요한 지식을 모든 연령대의 사람들에게 다양한 방식으로 제공하고 있다. 이러한 방식은 단편적인 지식을 제공하던 서비스들을 한데 모아서 더 다양하고 깊이 있는 지식을 사용자의 편의에 따라 제공한다는 데 의의가 있다.

특히, 여러 웹사이트를 사용하는 경우, 해당 웹사이트에서만 지식을 구매하고 사용할 수 있지만, 통합 플랫폼에서는 한 번만 결제해도 여러 웹사이트의 다양한 서비스들을 이용할 수 있다는 장점이 있다. 하지만 이러한 서비스는 고객과의 상호작용을 적극적으로 제공하지 못한다는 단점이 있다.

전문지식 주고받으면 수익이 발생하는 펀다

중국의 '펀다'는 플랫폼에 고객이 질문을 던지고 전문가들이 답변하는 구조를 만들어서, 다양한 산업 전문가들이 적극적으로 참여하도록 했다. 질문자는 전문가들이 올린 다양한 답변 중에서 자신이 선호하는 답변을 선택하고 이에 대한 가격을 지불한다. 만약 질문을 올리고 2일 안에 답을 받지 못하면 지불한 돈을 돌려준다.

펀다의 사업모델의 특징은 3차원 수익모델에 있다. 사용자가 질문을 올리고 답변을 받으면 가격을 지불하는 데서 그치지 않고, 그 답변을 다른 사람들이 보게 되는 경우 질문자에게도 수익이 발생하도록 하였다. 이러한 수익모델은 질문자나 답변자 모두 적극적으로 참여하고자 하는 동기를 부여한다. 질문자와 답변자 간 질의응답 활동이 활발해질수록 플랫폼 사용자가 많아지고, 플랫폼의 가치도 기하급수적으로 상승할 것이다.

펀다처럼 모든 사람에게 질문을 공개하고 답변을 받는 형식이 아니라, 전문가들에게만 질문하고 답변을 받는 지식 네트워킹 서비스도 최근에는 활발하게 이루어지고 있다. 전문가 네트워킹 서비스는 특정한 분야의 문제에 대해 자문이 필요한 회사와 그 분야의 전문가를 연결해주는 서비스를 말한다.

전문가 네트워킹 회사의 예로는 거슨 러만 그룹Gerson Lehrman Group, '알파사이츠AlphaSights', '링크LYNK' 등이 있다. 고객들이 비즈니스 프로젝트, 투자, 채용 등을 결정하거나 수행하는 과정에서 발생하는 문제를 해결하기 위해 전문가의 자문이 필요한 경우, 전문가를 찾고 자문을 완료하는 프로세스를 진행한다.

전문가 네트워킹 회사의 주요 고객은 컨설팅회사, 금융회사, 투자회사 등이지만, 그 외에도 유전공학이나 의료, 통상 분야 등 다양한 기업체들이 있다. 개인과 개인을 연결해주는 지식 네트워킹 서비스 이외에 정부에서 제공하는 지식공유 플랫폼도 있다. 한국전자통신연구원ETRI에서는 연구원들이 발표한 논문, 특허, 기술이전, 연구보고서 등을 모아 공유할 수 있는 플랫폼을 만들었는데 누구나 홈페이지에서 자료들을 이용할 수 있다.

앞으로의 지식 온디맨드 서비스는 지식의 표준화, 모듈화, 그리고 디지털화를 통해 조금 더 업무 프로세스에 밀착된 방식으로 사용자에게 서비스를 제공할 것이다. 예컨대 일하는 과정에서 문제가 생기면 시스템이 어떤 상황에서 문제가 생겼는지를 인지해서 문제해결 솔루션을 사용자가 이해하기 쉽고 곧바로 적용 가능한 형태로 제공할 것이다. 이 과정에서 홀로그램이나 가상현실 기술이 적극적으로 활용될 것으로 전망된다.

4. 헬스케어 서비스

헬스케어 온디맨드 서비스는 고객의 건강에 문제가 생기기 전에 혹은 문제가 생겼을 때 고객이 있는 장소에서 가장 편리한 형태로 솔루션을 제공하는 서비스다. 예를 들어, 미국의 바이탈리티가 개발한 '글로우캡GlowCap'은 환자들에게 정확히 약을 복용해야 하는 시간을 알려주는 스마트한 약병이다. 약병과 인터넷이 결합한 서비스로, 약병 뚜껑에 장착된 디바이스를 통해 오디오, 전화, 문자 등으로 고객에게 메시지를 보낸다. 이 서비스를 이용하는 환자들은 약을 정확한 시간에 복용하는 투약 이행률이 거의 100%에 가깝다고 한다.

약을 먹기 편하게 포장해서 배송해주는 서비스

장기간 복용 중인 약을 매번 사러 가는 것이 번거로운 사람들을 위한 서비스도 있다. 미국의 약대생이 시작한 온라인 약국 '필팩 PillPack'은 한 달치 분량의 약을 복용횟수와 용량에 맞게 포장해 집으로 배달해준다. 겉면에 날짜와 시간이 프린트되어 있어 헷갈리지 않고 약을 먹을 수 있다. 처방약이 아닌 건강보조식품도 같은 서비스를 제공한다. 예를 들어 건강보조식품으로 3가지 알약을 먹고 있다면, 먹을 때마다 3개의 병을 열어서 하나씩 꺼내야 하는데, 필팩은 한 번에 먹을 수 있게 해준다.

뿐만 아니라 이런저런 처방약과 건강보조식품을 임의로 섞어 먹을 때 부작용은 없는지 불안한 경우도 많은데, 필팩은 이런 문제도 해결해준다. 병원과 약국의 데이터를 관리하는 플랫폼을 만들고, 고객의 투약기록에 근거해 고객에게 맞는 약을 가장 먹기 좋은 상태로 배송해주기 때문이다. 회원으로 가입하면 필팩은 고객이 기존에 다니던 약국과 병원에서 처방전과 처방약을 전달받아, 고객이 먹어야 하는 약의 종류와 분량을 정확히 맞춰 약을 포장하고 배송한다. 이 모든 프로세스가 자동화되어 있어서 고객이 직접 처리해야 하는 부분이 없다. 필팩은 약 이외에도 크림, 테스트기 등과 같은 제품들도 필요하면 언제든지 동일한 형태로 제공한다.

인도의 '넷메드Netmeds'도 비슷한 서비스를 제공하는데, 고객이 처방전을 넷메드 홈페이지에 올리거나 팩스, 전화로 보내면 약국에서 처방약을 조제하고 이를 직접 배송해준다.

캐나다의 '메드어베일MedAvail'은 고객들이 방문하는 오프라인 약국을 아예 키오스크 형태로 바꾸었다. 음료수 자판기처럼 언제 어디서든 접근이 용이하도록 디자인했다. 메드어베일은 빠르고 쉽게 약사와 소통할 수 있는 스크린을 활용해 새로운 처방이나 추가할 약에 대한 궁금증도 해결해준다. 음료수 자판기처럼 이용하기도 편리하고 결제도 쉽다. 게다가 기기를 옮기기도 쉽고 24시간 운영되기 때문에 긴급상황에 유용하다.

환자를 찾아가는 의료 서비스

너무 멀거나 거동이 불편해서 병원을 찾기 어려울 때는 원격진료 서비스로 치료를 받을 수 있다. 미국의 '텔라닥Teladoc'이 대표적이다. 미국 댈러스에 있는 텔라닥은 전화나 화상을 통해 24시간 언제든지 의사에게 진료를 받을 수 있는 서비스로 환자와 보험회사들이 주로 사용한다. 의사에게 증상에 관한 질문할 수 있고, 빠른 답을 얻을 수 있다. 원격의료가 환자에게 최상의 진단을 내리기 어려울 수도 있다는 우려에도 불구하고 이미 많은 나라에서 원격진료를 시행하고 있다. 특히 도서지역이나 농어촌 등에서 쉽고 빠르게 서비스를 이용할 수 있고, 만성질환자, 노인 환자에게 큰 도움이 된다는 장점 때문이다.

원격진료보다 더 바람직한 헬스케어 서비스는 찾아가는 의료 서비스다. 환자가 헬스케어 서비스를 부르면 도요타의 e - 팔레트에 탑재된 의료 서비스가 달려온다고 생각해보라. 일종의 이동식 진료소처럼 진료에 필요한 장비, 환자의 상태에 맞게 적용할 수 있는 의약품, 치료제 등을 모두 싣고 와서 인공지능의 진단결과에 따라 처방해준다면 헬스케어 온디맨드 서비스로서 최상의 고객만족을 창출해낼 수 있다.

5. 안전 서비스

누군가가 위험에 빠져 도움을 요청할 수도 없는 상황에서 슈퍼히어로가 등장해 그 사람을 구해준다면 어떨까? 영화에서 보는 다양한 능력의 히어로들이 현실 세계에서 디지털 기술과 데이터를 이용하여 사람들의 안전을 지켜줄 수 있다면 세상은 조금 더 안전해질 것이다. 세이프티 온디맨드 서비스는 이런 문제를 해결해주는 서비스다.

증강현실 글라스와 구조용 드론

KT가 구축한 국가재난안전망은 바다 위에서 발생하는 사고(과열이나 폭발 등에 의한 화재, 환자 발생)를 해결하기 위해서 다양한 기술을 접목했다. 먼저 재난 신고가 접수되면 재난 안전 플랫폼이 비행장비와 카메라를 보내 재난장소를 파악하고 해양경찰에게 영상을 전달한다. 현장에 도착한 해양경찰이 증강현실 글라스를 통해 실시간으로 부상자의 상태를 의사에게 전달하고 원격으로 치료한다.

과열이나 폭발 등의 큰 재난이 아닌, 일상적인 곳에서의 온디맨드는 어떻게 실현될까? 여름철 바다에서 수영을 즐기던 피서객이 갑작스러운 파도에 휩쓸려 위험에 빠졌다. 구조대원이 장비를 챙겨 출동하기에는 너무 늦다. 이럴 경우, 바다에 관한 다양한 데이터와 센서를 기반으로 구조자의 좌표를 재빠르게 추적하고, 드론이 날아가 구조해주는 편이 훨씬 안전하다. 비행기가 바다로 추락하는 사고가 일어났다면 생명을 구조하기 위해 수십 대의 드론이 배치되어서 훨씬 빠르게 생명을 구할 수 있다.

조난사고 위치를 알려주는 웨어러블 장치

만약 등산 중에 조난당하거나 사고로 다쳤을 경우는 걷기도 어렵거니와 자신의 위치가 어디인지도 모를 수 있다. 휴대폰이 안 된다면 빠르게 위치를 추적하기도 어렵다. 드론을 이용해서 수색한다고 하더라도 나무가 많아 오래 걸릴 가능성이 크다. 이런 경우 등산하기 전에 웨어러블 기기를 착용하고 자신의 위치를 추적할 수 있도록 작동시킨 후에 사고발생 시 해당 기기의 버튼을 눌러 자신의 위치를 알리면 구조하기가 훨씬 쉬워진다.

태풍이나 지진, 화산폭발 등과 같은 자연재해가 발생할 경우도 마찬가지다. 신속하게 안전한 곳으로 이동하거나 비상식량을 구하려면 현재 상황에 대한 정보가 재해 가능성이 있는 지역에 정확하게 전달되어야 한다. 전력이나 통신 네트워크가 끊어진 곳일수록 정확한 정보전달이 더욱 절실하다. 이럴 때는 지역 단위나 가정 단위에 배치된

드론 등을 이용하여 무선통신으로 현재 상황을 공유하고 안전한 장소로 대피하도록 돕는다.

만약 어두운 밤길을 걷고 있는데 왠지 무서운 느낌이 든다면, 누군가에게 전화를 걸거나 휴대폰의 손전등을 켤 것이다. 하지만 그래도 안심이 되지 않는다면 앞으로는 스마트폰 앱으로 드론을 부를 수 있다. 드론 3대가 날아와서 1대는 앞을 비추고 1대는 뒤를 비춰주고, 또 다른 1대는 공중에서 맴돌면서 주변에 무언가 해로운 것이 다가오지는 않는지를 관찰한다. 집에 도착해서 앱을 종료하면 드론은 원래 위치로 사라진다. 이런 서비스들을 안전 온디맨드 서비스라고 한다.

6. 에너지 서비스

에너지 온디맨드 서비스는 필요한 에너지를 원하는 시점에 원하는 장소에서 받을 수 있도록 하는 것을 말한다. 한 대학생의 예를 들어 보자. B는 이제 막 입학한 신입생으로 공부도 열심히 하지만 여행을 좋아한다. B는 공부하다가 궁금한 게 있으면 스마트폰이나 태블릿을 이용해 궁금증을 해결하거나 추가적인 지식을 습득한다. 카페에서 노트북으로 학교 과제를 한다. 또한 음악을 좋아해서 여행을 갈 때도 무선 스피커 하나쯤은 늘 가지고 다닌다. 그러다 보니 B가 일상생활에서 늘 사용하는 전자제품만 해도 4가지 이상이다. 이 제품들은 모두 무선으로 사용이 가능하다. 영국의 인텔리전트에너지는 한 번 충전하면 1주일 동안 사용할 수 있는 수소연료전지를 개발했다. 충전은 기존의 충전방식과 수소방식을 모두 이용할 수 있으며 USB포트에

꽂아서 사용한다.

만약 에너지를 충전하는 방식을 완전히 바꾼다면 어떨까? 직장인 A의 예를 들어보자. A는 업무가 많아서 스마트폰을 자주 사용한다. 어느 날 급하게 나오느라 충전기를 놓고 나왔는데 오전부터 스마트폰 배터리가 부족하다고 깜박거린다. 하지만 충전을 하기 위해서 편의점에서 충전기를 새로 살 필요가 없다. 전파나 전자기기를 통해서 무선으로 쉽게 충전할 수 있기 때문이다. 와이파이서비스 단말기나 다른 전자기기를 통해서 충전할 수 있는데 일정금액을 지불하면 더 빨리 충전되기 때문에 편리하다.

이와 같은 사례는, 에너지를 충전하는 방식 자체가 완전히 바뀌면서 에너지 온디맨드 서비스를 구현한 것이다. 현재의 충전기와 전선을 이용하는 방식이 아닌 다양한 방법을 사용하여 충전할 수 있다면, 우리는 전선으로부터의 자유로워지고 원하면 언제 어디서든 에너지를 얻을 수 있다.

7. 음식 서비스

누구나 맛있는 음식을 먹으면 행복해진다. 인류는 아주 오래전부터 원하는 시간에, 원하는 장소에서, 원하는 형태로 음식을 먹기를 꿈꿔왔다. 만약 그러한 서비스를 구매할 수 있다면 어떨까? 아직은 완벽하게 원하는 재료를 이용하여 원하는 음식을 만들어주지는 못하지만 거의 유사한 서비스를 제공하는 회사들이 있다. 푸드 온디맨드 서비스다.

유명 레스토랑의 음식을 집으로

스푼로켓Spoonrocket은 유명 레스토랑 음식을 집까지 배달해주는 서비스로 빠른 서비스와 품질에 비해 저렴한 비용이 강점이다. 잇츠온 It's on은 한국야쿠르트의 음식배송 서비스로 기존 유통망인 야쿠르트 프레시 매니저를 통해서 전달된다. 소비자들은 어플리케이션이나 홈페이지를 통해서 주문할 수 있다. 주문이 접수되면 업체에서 소비자가 지정한 날짜에 만들어 배달해준다. 국, 탕, 일품요리, 김치, 반찬 등을 포함해 주문할 수 있는 메뉴가 매우 다양하다. 증가하고 있는 1인 가구의 수요에 맞춰 단품 주문이 가능하고 별도의 배송비는 없다.

우아한형제들이 운영하는 배민프레시는 신선한 반찬과 반조리 식품을 판매한다. 심야 시간(오후 10시~오전 7시)을 이용해 배송한다. 바쁜 현대인들에게 건강한 집밥과 반찬을 제공해주는 서비스로 모든 제품이 주문과 동시에 만들어진다. 따라서 재고도 없을뿐더러 높은 신선도를 유지할 수 있다.

싱싱한 농산물, 식재료도 온라인 주문

이외에도 산지에서 직접 재배한 농산물들을 집 앞까지 직접 배송해주는 서비스도 다양하다. SK플래닛의 '헬로네이처'는 신선한 먹거리를 제공해주는 서비스로, 산지에서 직접 재배한 재료들을 온라인에서 주문할 수 있다. 신뢰를 높이기 위해 생산자의 이름을 공개했다. CJ대한통운도 유사한 서비스를 하고 있는데, 각 가정으로 배민프레시와 같이 심야 시간에 가정 간편식을 배송한다. 저녁에 주문하면 아침식사 전까지 배달이 완료되는 것이다. 사실 이러한 서비스들은 기존의 요리를 바꾼 것이 아니라 요리를 전달해주기 위한 물류시스템의 변화를 기반으로 한 온디맨드 서비스인 셈이다.

취향, 선호, 건강상태에 맞춘 식품제조 서비스

유통 시스템이나 전달방식의 혁신 외에도 음식 온디맨드 서비스가 도전해볼 만한 영역은 다양하다. 예를 들어 같은 가족이라도 구성원마다 필요한 영양소가 다를 수밖에 없다. 가족 구성원 개개인에게 맞는 재료를 넣어 음식을 만들어주면 어떨까? 병원에서 제공하는 데이터를 취합하고 분석할 수 있다면, 의사가 추천하는 식습관 개선 방향에 맞게 조리한 음식을 제공할 수도 있다. 예를 들어 혈압이 높은 아빠에게는 저염식단을, 근육량이 부족한 엄마에게는 단백질 위주의 식단을 제공하는 것이다. 또한 다이어트를 하는 자녀가 있다면 하루 운동량 데이터를 수집해 운동효과를 극대화할 수 있는 식단을 제공해줄 수도 있다. 개인적으로 좋아하는 식재료나 조리방법에 대한 충분한 데이터를 가지고 있다면, 미리 수요를 예측해 필요한 시간에 필요한 장소로 배송할 수도 있다. 이 경우는 앞에서 설명한 도요타의 e-팔레트에 조리 시스템을 탑재하고 자율주행으로 배송할 수 있다.

최근 환경오염, 물 부족 등 다양한 문제를 해결하기 위해 식물성 원료로 고기를 만들거나(임파서블 푸드Impossible Food), 육류나 어류를 3D 바이오프린팅으로 배양하거나(모사 미트Mosa Meats, 핀레스 푸드Finless Foods), 식물성 원료로 우유를 만드는 등(밀크맨Mylkman, 무프리Muufri) 개

인의 취향과 선호, 그리고 건강상태를 고려한 식품제조 비즈니스가
활성화되고 있다.

8. 금융 서비스

파이낸스 온디맨드 서비스는 고객들이 금융 관련한 문제들에 직면
했을 때 고객이 원하는 시간과 장소에서, 고객이 원하는 형태로 그 문
제를 해결해주는 서비스다. 지금까지 금융 서비스는 일반적인 제품
과 다름이 없는 금융상품을 고객들에게 제공하는 것이었다. 여기에
는 고객의 문제해결이라는 개념이 포함되어 있지 않다. 하지만 지금
은 다양한 핀테크 기업들이 고객의 문제를 디지털 기술로 해결하기
위해 다양한 솔루션을 제공하고 있다.

먼저, 핀테크는 금융 서비스 시장에 어떤 변화를 가져오고 있을까?
첫째, 금융거래에 관한 통제권 혹은 주도권을 금융기관이 아니라 고
객들이 가지게 된다. 모바일과 금융이 결합한 핀테크 세상에서는 금
융기관이 아닌 고객이 거래의 중심이 된다. 지금까지는 고객이 금융
기관의 결정에 따라야 했지만, 앞으로는 금융기관이든 금융 서비스
든 고객이 필요한 서비스를 고객이 원하는 형태로 제공하고 고객은
필요한 것을 선택해서 사용하게 될 것이다.

둘째, 금융 서비스 역시 '대량생산' 체제에서 '개인화'된 형태로 바
뀐다. 기존의 금융상품은 거래조건, 수익률, 비용 등을 고려해 금융
기관이 만들고 이를 고객들이 일방적으로 수용하는 형태였기 때문에

제조업에서 해왔던 대량생산과 별반 차이가 없었다. 하지만 이제는 핀테크의 발전으로 인해 금융 소비자 개인의 선호와 자산상황을 면밀하게 고려해 고도로 개인화된 금융 서비스를 제공할 수 있다. 앞으로는 그러한 '개인화'의 수준이 금융 서비스의 성패를 가를 것이다.

셋째, 금융거래 매개자로서의 금융기관의 역할이 축소된다. 이러한 변화는 인터넷이 도입되고 상거래에 활용되면서 나타났던 생산자-소비자 간 직거래에 의한 산업구조의 변화와 유사하다. 기존 중개상의 역할이 대폭 축소되고 새로운 인터넷 중개상들이 다양하게 나타났던 현상과 비슷하게 금융거래도 변화하고 있다. 사용자들은 돈을 빌려주고 싶은 사람에게 직접 돈을 빌려주고, 투자나 기부 역시 하고 싶은 기업에 직접 할 수 있다.

넷째, 금융거래가 실시간으로 이루어진다. 과거에는 금융기관 내부 결재절차나 신용확인 등의 거래절차가 복잡해 특정한 금융거래를 승인하는 데 상당한 시간이 걸렸다. 하지만 앞으로 핀테크를 사용하는 금융거래는 대부분 실시간으로 이루어질 것이다. 지금도 소액거래, 특히 소액 대출거래는 거의 실시간으로 이루어지고 있다. 이처럼 실시간 거래가 가능해진 이유는 보안기술의 발달과 빅데이터 등을 활용한 정확도 높은 개인신용도 분석 때문이다.

금융서비스 시장 변화의 또 다른 촉진자는 블록체인이다. 블록체인은 금융 서비스를 완전히 바꿀 가능성이 높다. 블록체인으로 일어날 변화는 다음과 같다.

첫째, '신뢰받는 제3자'로서의 기존 금융기관의 역할이 대폭 축소되고 제한될 것이다. 한 가지 예를 들면, 앞으로는 예금하려는 사람은 자신이 원하는 위험 정도에 따라 수익을 줄 수 있는 투자처에 직접 돈을 빌려줄 것이다, ICO Initial Coin Offering의 형태가 될 가능성이 높다. 이는 돈을 투자하고 코인을 받아서 의사결정에도 참여하고 거래도 하며 수익도 배당받는 형태다. 반대로 대출을 하려는 사람은 자신이 직접 블록체인에 계약조건을 명시하고 모든 참여자에게 발송해 직접적으로 개인 간 대출을 받게 될 가능성이 크다.

둘째, 투자의 형태가 달라질 것이다. 앞서 말한 ICO를 중심으로 투자자들을 모으면 벤처캐피탈이나 투자은행의 역할이 제한되거나 달라질 가능성이 높다. 이들은 투자처의 매력이나 신뢰성을 분석해 정보를 판매는 역할을 수행하게 될 것이다.

셋째, 지급결제의 형태가 완전하게 달라질 가능성이 높다. 이미 현재에도 현금이나 신용카드보다 통합 모바일 결제의 선호도가 높다. 암호화폐가 일상화되면 모바일과 암호화폐가 결합된 상태에서 거래와 동시에 결제되는 통합결제가 보편화될 것이며, 제3의 중개기관을 통한 결제보다는 개인 간 직접결제가 보편화될 것이다.

마지막으로, 인재확보가 금융기관의 생존에 가장 중요한 화두가 될 것이다. 과거에는 자본이 가장 중요했다면, 앞으로는 고객의 문제를 이해하고 해결할 수 있는 인재를 확보하는 것이 최우선 과제가 된다. 그러한 인재는 내부와 외부로 나눌 수 있다. 내부의 인재는 금융기관 종업원으로서 고객의 문제를 이해하고 그들에게 가장 잘 맞는 솔루션을 디자인하고 실행할 수 있는 사람이고 외부의 인재는 이들과 함께 실제로 금융 서비스를 온디맨드 형태로 제공할 수 있는 파트너들이다.

PART 3

오늘부터 온디맨드
비즈니스를 시작합니다

당신의 고객은 누구인가?
- 트라이슈머, 모디슈머, 프로슈머

이제 고객은 더 이상 기업이 제공하는 가치를 수동적으로 받아들이는 존재가 아니다. 더욱 적극적으로 자신에게 필요한 것을 찾고, 선택하고, 비판한다. 이전에는 신기술이 나오면 이를 활용한 다양한 응용법들이 따라서 개발되고 확산되었다. 그 시절에는 기술의 수준이나 질quality이 중요했기 때문에 독보적인 기술을 가진 소수의 독점기업은 막강한 자금력과 기술력을 바탕으로 제품을 생산해 시장에 내놓는 데만 핵심역량을 집중했다. 그러한 전략으로도 충분했기 때문이다.

하지만 2000년대 후반부터 인터넷의 기술적 진화가 가속화되고 모바일 시대가 도래하면서 시장의 주도권이 공급자에서 소비자로 이동했다. 실시간 가격 비교는 물론이고 온라인 쇼핑의 폭발적인 성장으로 구매의 공간적 제약도 사라지면서 소비자 권력이 눈에 띄게 향상되었다. 이처럼 향상된 소비자의 권력은 수요와 공급에도 막대한 영향을 주게 되었다.

  소비자 권력이 향상됨에 따라 기업은 고객에 대한 이해와 접근을 근본적으로 바꿔야만 한다. 제품과 서비스는 대중화, 평준화를 넘어 '소비자화consumerization', '범용화commoditization'되었다. 이제는 고객의 요구에 부합되지 않으면 시장에서 철저하게 외면당한다. 고객은 성능이나 기능만이 아니라, 취향에 맞는 디자인이나 컨셉을 가진 제품이나 서비스를 선택하기 때문이다. 소비자의 욕구에 부합하는 기술만이 살아남는 이때, 기업은 고객이 어떤 방식으로 가치창출에 참여하는가와 고객의 문제를 어떻게 해결할 것인가를 중심으로 고객의 유형을 분류해야 한다.

  고객유형을 분류하는 데는 다양한 기준과 방식이 있겠지만, 여기서는 고객이 서비스 가치창출 과정에 어떻게 참여하는가와 기업은 고

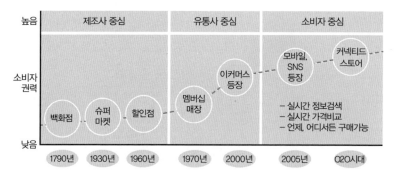

그림24 소비자 권력의 변화

객의 욕구를 어떻게 충족시키는가의 관점에서 고객유형을 분류하고 정의해보겠다.

먼저 서비스 가치창출 참여 관점에서 살표보자. 이 관점에서 보면 가치창출 활동에 고객을 더 많이 참여시킴으로써 고객의 가치를 극대화하는 것이 중요하다. 왜냐하면 가치는 기업이 제품을 고객에게 제공함으로써 창출되기 때문이 아니라, 고객의 활동을 통해 창출되는 것이기 때문이다. 기업이 고객의 참여욕구를 잘 이해하고 이를 시스템적으로 구현하는 것이 매우 중요하다. 기업이 고객에게 제안하는 '고객가치제안customer value proposition'이 이 내용을 담고 있고 이를 실행할 수 있도록 하는 것이 '가치창출 네트워크value creation network'다.

아래의 [그림25]은 기업과 고객 간의 '가치창출 프로세스 분할도' 다. 기업이 가치를 창출하기 위해서는 다양한 프로세스를 거쳐야 한다. 이런 프로세스는 한 기업이 온전히 수행할 수도 있고, 기업과 고

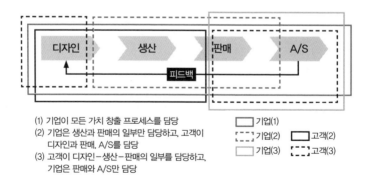

(1) 기업이 모든 가치 창출 프로세스를 담당
(2) 기업은 생산과 판매의 일부만 담당하고, 고객이 디자인과 판매, A/S를 담당
(3) 고객이 디자인-생산-판매의 일부를 담당하고, 기업은 판매와 A/S만 담당

그림25 가치창출 프로세스 분할도

객이 공동으로 수행할 수도 있으며, 고객이 거의 모든 부분을 수행하고 기업이 일부를 수행할 수도 있다. 여기에서 기업은 일반적인 주식회사이거나 개인 기업 혹은 협동조합일 수 있다. 다음의 사례들을 통해 고객이 가치창출 과정에서 어떤 부분에 참여하는 것이 고객의 지식과 자원 활용에 용이한지, 또한 고객이 어떠한 형태로 가치창출 과정에 참하고자 하는지를 살펴보자.

[그림26][43]처럼 고객이 참여하는 분야는 '디자인·생산'과 '판매·애프터서비스'로 구분할 수 있으며, 참여형태는 트라이슈머trysumer와 모디슈머modisumer, 프로슈머prosumer로 구분할 수 있다.

체험을 사랑하는 트라이슈머

트라이슈머는 '시도하다try'와 '소비자consumer'의 합성어로, 광고 등의 간접정보에 의존하기보다 새로운 서비스나 제품을 직접 경험하기를 원하는 체험적 소비자를 지칭한다. 이들은 체험형 고객으로 네크워크와 무선인터넷, 스마트폰 등을 통해 항상 온라인에 연결된 초연결 환경을 중시한다. 이들은 스마트하게 정보를 활용하는 법을 알기 때문에 제품을 구매하거나 사용하기 전에 다른 이들의 후기 및 경험담을 검색하고, 취향이 비슷한 사람들의 의견을 꼼꼼하게 비교한다. 또한 자신의 체험을 공유하기를 좋아한다. 맛집이나 핫플레이스를 검색할 때는 물론이고 크고 작은 물건을 살 때도 동일한 특성을 보인다. 그래서 식품업체나 IT서비스 업체들은 정식 제품을 내놓기에 앞서 베타테스트를 할 때 트라이슈머를 적극 활용한다.

브랜드를 경험할 수 있는 현대모터스튜디오

판매 및 애프터서비스 분야의 트라이슈머 사례로, 애플스토어를 들 수 있다. 2001년 처음으로 애플스토어가 오픈한 이래, 초기의 냉담한 반응에도 불구하고 꾸준하게 확장되어 2018년 2월 기준, 24개 국에 501개의 매장이 있다. 우리나라에도 신사동 가로수길에 1호점 (500호점)이 개장되어 기기 구입과 애프터서비스, 기기 교육 등의 서비스를 제공하고 있다. 애플뿐만 아니라 삼성전자 등 IT업종의 제조사들은 자사의 플래그십 스토어flagship store를 갖추고 단순히 전시·판매만 하는 것이 아닌 고가의 전자제품을 직접 체험해보고 구매를 결정하려는 트라이슈머들의 요구를 적극적으로 반영하고 있다.

사실 자동차업계는 오래전부터 상설 전시장을 운영해왔다. 현대자동차는 기존의 전시장에서 벗어나 차별화된 새로운 마케팅 전략으로

고객 참여 분야		체험형 고객	공유형 고객	생산형 고객
	판매·애프터서비스	애플스토어 현대모터스튜디오	스타벅스 사이렌오더	독일 소넨배터리
	디자인·생산	–	팀버랜드 DYO 코오롱 인더스트리 FnC 쎄스튜디오 아디다스 마이아디다스	영국 BBA
		트라이슈머	모디슈머	프로슈머

그림26 고객참여에 따른 유형분류

현대모터스튜디오를 열고 현대자동차 브랜드 체험관을 운영하고 있다. 현대모터스튜디오는 현대차의 정체성을 담은 '모터motor'와 창조·실험의 공간을 상징하는 '스튜디오studio'를 합친 말로, 자동차 문화를 창조하고 경험하는 공간이라는 의미다. 새로운 자동차 문화를 창조하고 현대자동차와 관련된 다양한 경험을 제공하여 소비자와 즐겁고 편안하게 소통할 수 있는 신개념 공간창출을 목표로 한다. 여러 차종을 직접 체험할 수 있도록 했다. 또한 디지털 기술을 접목하여 3D 영상이나 VR 등을 활용한 다양한 체험도 제공한다. 기존의 단순한 시승체험에서 나아가 자동차 관련 서재와 카페, 키즈 라운지 등을 함께 운영하며 방문객들에게 다양한 즐길 거리를 제공하고, 브랜드 아이덴티티를 반영한 예술작품, 디지털 콘텐츠, 소품 등으로 소비자에게 총체적 경험을 제공한다.

취향대로 바꾸는 모디슈머

모디슈머는 '수정하다modify'와 '소비자consumer'의 합성어로, 제조사나 서비스기업이 제시하는 방식이 아니라 자신의 취향에 따라 제품을 새로운 방식으로 활용하는 소비자를 의미한다. 이들은 공유형 고객으로 정해진 틀에서 벗어나 개인의 니즈를 반영한 '맞춤화customization' 과정을 거쳐 스스로 정보를 추가 생산하고, 스스로 만들어낸 방법을 적극 공유한다. 이들은 SNS, 블로그 등 다양한 디지털 플랫폼을 활용해 정보를 공유하고 네트워크 속에서 사람들과 공감을 이루는 데서 가치를 느낀다. 특히 식품업계에는 짜파구리, 불닭볶음면 등 모디슈머 레시피를 활용한 마케팅 성공사례가 많다.

트라이슈머와는 다르게 좀 더 적극적으로 참여하고 이를 공유하는 모디슈머들은 자신의 취향과 개성에 맞게 제품이나 서비스를 바꾸려는 노력을 아끼지 않는다. 기업 입장에서는 고객의 요구나 필요를 실시간으로 파악하고 수용할 수 있을 뿐만 아니라, 고객맞춤 서비스를 통해 충성도 높은 고객을 확보하고 관리할 수 있다는 장점을 동시에 누릴 수 있다.

이용건수 20배 증가한 스타벅스 사이렌오더

스타벅스의 모바일 주문 서비스인 '사이렌오더' 시스템은 개개인의 취향에 맞춘 식음료 주문방식으로 인기를 끌고 있다. 고객은 선택한 매장의 주문 가능 메뉴와 수량을 실시간으로 확인하고, 선호하는 음료와 음식뿐만 아니라, 커피원두의 종류도 개인옵션으로 등록하여 '나만의 메뉴'를 만들 수 있다. 시럽, 휘핑크림 등은 물론이고 우유도 무지방·저지방·일반·두유 등을 취향에 맞게 선택할 수 있다. 사이렌오더 시스템은 2014년 출시 초기에 비해 이용건수가 20배 증가했고, SKT의 인공지능 스피커 '누구NUGU'로 음성주문도 할 수 있다.

디자인 분야에서 모디슈머를 겨냥한 비즈니스모델로는 아웃도어 라이프스타일 브랜드인 팀버랜드가 있다. 이 회사는 소재부터 이니셜 내용, 부자재 컬러 등 신발의 디자인 디테일을 취향대로 선택할 수 있는 커스터마이징 서비스 'DYO Design Your Own'를 제공한다. 스테디셀러 아이템인 보트 슈즈부터 오리지널 6인치, 14인치 부츠까지, 자신만의 개성을 담아 '세상에 단 하나뿐인' 슈즈를 만들 수 있다.

맞춤형 핸드백 쎄스튜디오와 맞춤신발 마이아디다스

코오롱인더스트리의 브랜드 쿠론은 핸드백 맞춤형 플랫폼 '쎄스튜디오C-Studio'를 운영 중이다. 쎄스튜디오는 디자인부터 주문까지 한 번에 할 수 있고, 소비자 개개인의 개성과 취향을 고스란히 핸드백에 표현해준다. 가죽색상과 프린트, 엠블럼 색깔 등을 취향에 맞게 조합하면 1만 5,000여 종류의 디자인이 가능하다. 완성된 디자인은 쎄스튜디오 SNS에 공유돼 다른 고객들도 해당 제품을 구입할 수 있다.

스포츠용품 기업인 아디다스는 사용자가 원하는 디자인과 색상, 소재 등을 선택하면 '스피드팩토리'를 통해 그대로 만들어주는 '마이아디다스miAdidas'라는 제품을 팔고 있다. 맞춤신발의 필요성은 1990년대 후반 유럽에서 본격적으로 부상했다. 당시 유럽에서는 유럽산 제품의 시장 축소와 중국산 수입 확대 등으로 어려움을 겪고 있었다. 이에 아웃소싱 확대, 자동화 기계 도입 등으로 대응했으나 효과는 별로 없었다. 하지만 이러한 위기감에도 불구하고 신발 제조사들은 고객의 니즈가 무엇인지 정확하게 파악하고 있지 못했다.

그러다 2001년 3월부터 독일의 프라운호퍼연구소를 중심으로 '유로슈EUROShoE'라는 프로젝트가 시작됐다. 제조사, 연구기관, 소프트웨어 회사 등 35개 기관이 참여해서 맞춤신발에 대한 수요조사, 풋 스캔foot scan 기술개발, 맞춤신발 디자인을 위한 소프트웨어 개발 등이 이뤄졌다. 이를 통해 나이키(NikeID), 뉴발란스(360° Fit), 아디다스(miAdidas) 등 스포츠화 기업들은 앞다퉈 '대량 맞춤화 전략'을 도입했다.

생산에 직접 참여하는 프로슈머

프로슈머는 '생산하다produce'와 '소비자consumer'의 합성어로, 기존 소비자와 달리 생산활동 일부에 직접 참여하는 소비자들을 뜻한다. 각종 셀프서비스나 DIY Do It Yourself 모델 등을 통해 소비자 참여가 활성화되고 있는 가운데, 프로슈머는 여러 인터넷 사이트에서 자신이

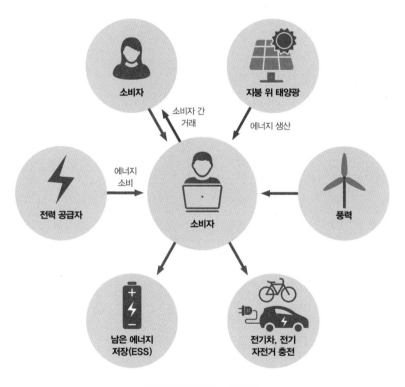

그림27 에너지 프로슈머 개념도

새로 구매한 물건, 특히 전자제품의 장·단점, 가격 등을 다른 사람들과 비교·비판함으로써 제품개발과 유통에 막강한 영향력을 행사하고 있다. 최근에는 친환경 에너지에 대한 관심이 증가함에 따라, 태양광 에너지원을 저장하여 개인 간 거래 플랫폼을 통해 에너지 생산과 판매에 참여하는 에너지 프로슈머도 등장했다.

초기에는 프로슈머의 제품평가 의견을 생산에 반영하거나 타깃마케팅에 활용하는 정도에 국한되었지만, 인터넷의 발전과 더불어 프로슈머들은 더 큰 영향력을 가지게 되었고, 생산뿐만 아니라 디자인, 판매에 이르는 기업활동 전반에 관여하게 되었다.

재생에너지를 사고파는 커뮤니티

독일의 가정용 에너지 저장장치 기업인 소넨배터리Sonnenbatterie는 소규모 태양광·풍력 발전설비 소유주가 전기를 사고팔 수 있도록 2016년 개인 간(P2P) 전력거래시스템을 선보였다. 소규모 재생에너지 발전설비 소유자가 전력망을 통해 전력을 사고팔 수 있도록 개발된 플랫폼인 소넨 커뮤니티Sonnen Community 사업을 통해, 전기를 생산하는 가정이 남는 전기를 시스템에 올려 팔고, 전기가 부족한 가구는 다른 가정에서 저장해둔 재생에너지를 사서 쓴다. 태양광 패널로 생산한 전기는 스마트 배터리에 저장된다. 이처럼 개인 간 전력거래에 참여하는 소비자들을 '에너지 프로슈머'라고도 부르는데, 이들은 단순한 전기소비자를 넘어 전력의 생산자 및 판매자 역할까지 수행한다.

고객이 스스로 제품을 개발하는 BBA

BBA Bush Boake Allen는 식품, 화장품, 가정용품 등에 쓰이는 향신료를 생산하는 영국기업이다. 자신이 원하는 다양한 맛과 향을 고객이 스스로 개발할 수 있는 툴킷toolkit을 제공한다. 스낵이나 음료부터 화장품, 생활용품까지 고객이 원하는 복잡한 맛과 향을 일일이 파악하고 이에 적절히 대응하는 제품을 개발하기란 어려운 일이다. 특히 BBA의 주요 고객인 글로벌 식품기업들은 제품의 맛과 향을 결정하는 성분의 미묘한 차이에 예민했고, 이들의 니즈를 맞추기 위한 연구개발은 과학이 아니라 예술의 영역이라고 말할 정도로 지극히 어려운 과정이었다.

게다가 고객이 만족할 만한 완성제품이 나오고 구매결정을 할 때까지 BBA는 매출이 없는 구조이다 보니 연구개발에 소요되는 위험과 비용도 모두 부담해야 했다. 화학 전문가, 조향사, 의학 전문가, 영업·마케팅, 생산·품질관리 인력 등 수많은 전문가들이 투입되어야 하는 어려운 과정임에도 불구하고 말이다.

주문량이 적은 회사들의 수요에만 대응하는 것으로는 새로운 시장을 개척할 수 없는 상황이 되었고, 이에 BBA의 CEO는 '고객이 스스로 제품을 개발하게 하자'는 아이디어를 생각해냈다. 인터넷을 통해 수많은 향의 조합 중에 원하는 사양을 골라 샘플을 주문하면 그대로 생산된 샘플이 수일 내에 고객에게 전달된다. 고객은 샘플을 확인한 후 다시 직접 맛과 향의 구성내용을 바꿔 주문을 수정하는 식이었다. 이는 고객니즈에 대한 커뮤니케이션 시간을 줄이고, 주문오류도 낮추는 방법이었다.

또 고객은 '반복된 과정에서 오는 학습효과learning by doing'를 통해 적절한 제품을 선택하기까지 걸리는 노력과 시간을 스스로 단축해나갔고, 고객과 기업이 공동으로 수행하던 개발과정이 고객에 의해서만 진행되자 제품개발에 들어가던 시간과 비용이 눈에 띄게 감소했다.

매일 아침 맞춤형 화장품을 만들어주는 로레알 페르소

글로벌 뷰티 기업 로레알은 2021년에 '페르소Perso'를 출시할 계획이다. 매일 아침 스마트폰 앱으로 얼굴을 스캔하면 날씨, 피부상태 등에 맞는 화장품 포뮬러를 만들어주는 기기다. 인공지능 학습을 통해 사용하면 사용할수록 더 정확한 서비스를 제공한다. 하루에 사용해야 하는 분량을 만들어 캡슐 형태로 포장까지 해준다. 고객의 피부 타입, 개인 선호도, 트렌드, 생활환경(대기질, 공해 수준) 등에 대한 정보를 활용하여 스켄케어뿐만 아니라 메이크업 제품도 서비스할 예정이다. 또한 습진, 건조증, 아토피 피부염과 같은 질병을 예방하기 위해 피부의 Ph 수준을 스스로 측정해 관리하도록 도와주는 스킨케어 서비스도 함께 출시된다고 한다. 이 서비스는 고객이 자신의 피부상태에 따라 적극적으로 서비스나 제품을 바꿔가면서 스스로 피부를 관리해나가는 대표적인 사례가 될 것으로 예상된다.

내 얼굴에 꼭 맞는 마스크팩을 만들어주는 아모레퍼시픽 3D 마스크팩

아모레퍼시픽은 3D프린팅 맞춤 마스크팩을 통해 마스크팩 분야에서 개인화 서비스를 시도하고 있다. 사람마다 얼굴 크기가 다르고 피부의 특성도 다른 점을 고려해 고객 개인에게 최적화된 하이드로젤 마스크팩을 만드는 기술이다. 고객이 자신의 스마트폰 앱으로 얼굴을 스캔하면 이에 기초해 마스크 도안을 실시간으로 디자인하고, 5분 내에 고객에게 최적화된 마스크팩을 만들어준다. 초기의 서비스는 3D프린팅을 이용해서 고객의 얼굴 크기에 맞는 마스크팩을 만들어 주는 데 초점을 맞추었지만, 점차 인공지능 학습을 통해 고객의 피부 특성을 적극적으로 반영해 최적화된 마스크팩을 만드는 쪽으로 발전시킬 예정이다.

고객의 욕구는 어디까지?
-미충족 고객, 과충족 고객, 비사용자

혁신에서 가장 중요한 부분은 고객이 느끼는 문제를 얼마나 정확하고 빠르게 이해하고 이에 대한 해답을 찾아낼 수 있느냐 하는 것이다. 많은 기업이 혁신에 실패하는 이유는 현재의 고객을 대상으로 그들의 만족도를 높이는 데 초점을 맞추기 때문인데, 현재의 고객뿐만 아니라 비사용자(잠재고객)까지 분석해야 이러한 문제를 해결할 수 있다. 고객의 욕구충족 정도에 따라 고객을 분류하면 충족 고객, 미충족 고객, 과충족 고객, 그리고 비사용자로 구분할 수 있다.

충족 고객은 기업이 제공하는 가치에 만족하고 충성도를 형성하는 고객층이고, 미충족 고객undershot customer은 기업에서 제공되는 제품의 성능과 서비스가 부족하다고 느끼는 고객이다. 과충족 고객overshot customer은 기업이 제공하는 제품이나 서비스의 성능 또는 품질이 과다

하다고 생각하는 고객층이며, 비사용자non user는 구매력이 없거나 관심이 없어 기업이 제공하는 제품이나 서비스를 사용하지 않는 고객들로 현재 기업의 목표고객에 해당하지 않는 고객층이다.

충성도 높으나 불만도 많은 미충족 고객

미충족 고객은 제품이나 서비스의 내용을 부족하게 생각하는 고객으로서 이들에 대한 분석을 위해서는 부족한 점이 무엇인지를 찾아내는 것이 핵심이다. 이들은 기존 제품의 성능이나 서비스 개선에 얼마든지 가치를 지불하고자 하는 고객이며, 자신이 사용하는 제품이나 서비스가 항상 완벽하기를 바란다.

미충족 고객은 회사에 대한 충성도는 매우 높으나 항상 일정 정도의 불만을 가지고 있어서 새로운 기능 추가 혹은 서비스 개선을 요구한다. 기업은 항상 이들의 니즈를 조사하여 제품에 반영하기 위해 노력하고, 그들을 충족시킬 수 있는 제품이나 서비스를 우선적으로 고려한다. 미충족 고객을 위해서는 지속적인 개선의 노력이 필요하다.

미국의 이동통신 시장에서 만년 4위였던 T모바일T mobile이 2015년 이후 매출 3위 기업 스프린트를 제치고 버라이즌, AT&T에 이어 매출 3위 기업으로 올라섰다. T모바일이 급성장하게 된 배경에는 2012년 CEO로 취임한 존 레저John Legere가 2013년부터 추진한 신규 마케팅 전략인 '언캐리어uncarrier 전략'이 있었다. 이동통신사를 의미하는 캐리어carrier를 넘어서는 새로운 이동통신사라는 컨셉으로 연간 2~3개씩 새로운 언캐리어 프로모션 전략을 발표하면서 혁신기업으로 거듭날 수 있었다.

대표적 언캐리어 전략으로는 무제한 요금제 가입자에게 넷플릭스를 무료로 제공해주는 것이다. 기존 가입자들의 새로운 니즈를 비즈니스에 반영해 차별화시켰다. 그리고 SNS를 혁신도구로 활용해 2030세대에게 젊고 빠른 브랜드이미지를 구축했다는 점도 성공 포인트였다.

곧바로 떠날 준비가 되어 있는 과충족 고객

한편, 과충족 고객은 주어진 기능을 제대로 활용하지 못하는 고객이다. 이들은 제품에 과다하게 많은 기능이 탑재되어 있다고 생각해, 자신이 요구하는 최소 수준만 갖춘 제품을 원한다. 이러한 과충족 고객은 최신 기술이나 첨단방식보다는 어느 정도 일반화된 기초적인 기능만 갖춘 저렴한 제품을 선호한다. 때문에 제조사에 대한 일방적인 충성은 찾아보기 어렵고, 타사에서 비교적 저렴한 제품이 출시되었을 때 곧바로 떠나버리는 유동층이다.

따라서 제품이나 서비스가 개선되어도 별로 반응하지 않는다. 이들은 프리미엄 가격을 지불할 의사가 없기 때문에 개선된 성능이나 서비스보다는 할인가격이나 제휴 제품을 더 중시한다. 그러므로 자사 제품이나 서비스 중에서 어떠한 기능이 이들에게 불필요한지를 찾아내는 것이 먼저다. 동시에 제품이나 서비스 본연의 가치 외에 가격할인, 제휴, 포인트 등 다른 편익을 제공하는 전략이 필요하다.

그런데 여기서 간과해서는 안 되는 점이 있다. 과충족 고객도 새로운 수요를 창출할 구매력을 가졌다는 점이다. 비록 최소한의 기능만으로도 충분히 만족하고 저렴한 가격이나 할인 프로모션에 민감한 소비자이긴 하지만, 이들을 대상으로 할 만한 새로운 시장은 분명히 존재한다.

예를 들어, 1인 가구가 증가하는 사회현상과 맞물려 간단하게 식사를 할 수 있다는 점에서 편의점 도시락이 큰 인기를 끌고 있다. 접근성이 좋고 다양한 메뉴를 저렴하게 선택할 수 있기 때문이다. 2016년 편의점 3개사(CU, GS25, 세븐일레븐)의 도시락 매출은 전년 대비 CU가 168%, GS25가 177%, 세븐일레븐이 152% 성장했다. 현재까지도 다양한 신메뉴를 꾸준하게 출시하고 있다.

또한 1+1, 2+1 판매 등의 다양한 프로모션으로 남녀노소, 세대 구분 없이 사랑받고 있다. 어느 편의점에 가더라도 매장 레이아웃과 동선, 상품진열이 표준화되어 있어 편리하다. 이러한 편의점 서비스는 특정 브랜드나 메이커에 대한 충성도는 낮아도 다수의 고객층을 공유할 수 있다는 장점이 있다. 이처럼 소비자의 잠재된 요구를 충족시킬 서비스의 개발이 필요하다.

진입장벽을 낮춰 끌어모아야 할 비사용자

비사용자는 제품이나 서비스를 사용하고 있지 않은 사람들로, 제조사나 서비스회사는 이들이 제품에 접근하도록 유도해야 한다. 이 집단은 제품의 성능이나 서비스가 너무 비싸거나 복잡하다고 생각해 제대로 이용할 수 없거나 불편하게 느끼는 고객층이다. 어느 회사에 대해서도 충성도가 없는 일종의 백지상태 고객들이다. 이러한 고객들을 상대하려면 일단 저가전략을 활용해 구매의 진입장벽을 최대한 낮추는 것이 중요하다. 즉, 과충족 고객을 대할 때와 같이 제품에 핵심적인 주요기능만 탑재해 최대한 저렴하게 설득하는 것이 효과적이다.

메리어트의 '온디맨드 업무공간 서비스'

세계 최대 호텔 체인인 메리어트Marriott는 현재 30여 개의 호텔 브랜드를 소유하고 있으며 전 세계 110여 개 국가에 6,000여 개 이상의 호텔과 120만 개 이상의 객실을 운영하고 있다. 이러한 성공 뒤에는 불만이든 칭찬이든 고객의 의견을 최대한 수용하고 혁신에 반영해온 호텔 운영자의 노력이 있었다.

예를 들면, 한때 메리어트가 어느 호텔보다 훌륭한 시설과 인프라를 갖추었음에도 불구하고 투숙객들이 조용히 일할 공간을 찾아 로비나 레스토랑 등을 찾아 헤매는 일이 많았다. 호텔 내에 회의장과 회의실이 많았는데도 이를 손쉽게 활용할 수 없던 것이다. 이러한 불편함이 불평, 불만이 되어 호텔 이미지에도 상당히 나쁜 영향을 끼쳤다.

이에 메리어트는 2012년 온라인 서비스회사 리퀴드스페이스Liquid-Space와 파트너십을 맺고 일일 단위 혹은 시간 단위로 호텔의 여유공간을 업무에 활용할 수 있도록 했다. 워싱턴 DC와 샌프란시스코 내 40여 개 지점에서 파일럿 테스트를 진행한 결과, 투숙객뿐만 아니라 지역주민, 전문가, 기업가 등 다양한 이들이 리퀴드스페이스를 예약하고 사용하게 되었다. 결과적으로 메리어트 호텔에 새로운 고객군이 생겼고, 그들이 제공한 '온디맨드 업무공간 서비스'는 호텔이라는 고정관념을 깨고 새로운 비즈니스를 창출한 중요한 사례가 되었다.

입장에 따라 불편이 달라진다
- 구매자, 사용자, 지불자

비즈니스는 문제해결의 동의어다. 문제는 고객의 문제일 수도 있고 기업이 가지고 있는 조직 내부의 문제일 수도 있다. 어떤 문제는 쉽게 해결되지만, 어떤 것은 모든 자원과 역량을 집중해도 좀처럼 해결되지 않는다. 그럼에도 기업은 지속적인 성장을 위해 끊임없이 문제해결에 도전해야 한다.

어떤 문제든 그것을 해결하기 위해서는 문제에 관해서 잘 알아야한다. 사실에 대한 다양한 정보를 수집하여 문제가 무엇인지What, 왜 Why 발생하는지, 어떻게How 해결할지 등을 분석해야 한다. 고객 문제 해결은 근본적으로 고객의 역할에 대한 이해에서 시작된다.

고객의 문제를 이해하는 것을 달리 표현하면, 고객이 왜 우리 기업과 함께 가치를 창출하는 프로세스에 참여하지 않는지를 이해하는 것이다. 즉, 고객이 특정 제품이나 서비스를 왜 사용하지 않는지를 알아야 한다. 제품 기반 경제에서는 기업이 모든 가치를 창출한다고 믿었지만, 서비스 기반 경제에서는 기업은 가치를 제공할 뿐이다. 실제 가치의 창출은 고객과 기업이 공동으로 수행하는 것으로 이해된다.

이런 관점에서 고객은 제품이나 서비스를 구매하는 단일한 개체가 아니라, 가치창출 프로세스에서 다양한 역할을 수행하는 여러 개체의 집합일 수도 있다. 즉, 하나의 제품이나 서비스를 통해 가치를 창출하는 과정에서 고객은 실제로 그러한 서비스나 제품을 이용해 가치를 창출하는 활동에 참여하기도 한다. 또 제품이나 서비스를 구매하는 과정에 참여하거나 제품이나 서비스에 대한 가격을 지불하기도 하는데, 이러한 역할은 한 사람이 수행하기도 하고 여러 사람들이 각각 수행하기도 한다.

구매자, 사용자, 지불자 등 역할을 중심으로 고객을 분류하는 것은 서비스 혁신에 중요한 의미가 있다. 어떤 역할을 수행하느냐에 따라 고객이 겪는 문제도, 해결책도 다르기 때문이다. 실제로 사용하면서 느끼는 불편이나 문제를 해결하는 열쇠는 바로 사용자 역할에 달려 있다.

사용자의 문제

사용자는 실제로 특정 서비스나 제품을 사용해 가치를 창출하는 고객을 뜻한다. 사용자들은 서비스나 제품을 사용하는 과정에서 가치를 창출하게 되는데, 서비스나 제품에 대한 지식 부족, 사용 스킬

부족, 시간 부족 등으로 인해 그 가치를 충분히 얻지 못한다. 일반 개인 고객 차원에서만이 아니라 기업 고객 차원에서도 사용자의 문제를 해결하는 것은 아주 중요하다.

공급선 변경에 따른 공포를 최소화한 것만으로 문제가 해결된 사례도 있다. 예를 들면 버크만랩에서는 자신들이 제공하는 화학제품을 사용하는 데 필요한 프로세스를 자세히 정의하고 이를 고객이 쉽게 따라올 수 있도록 매뉴얼을 만들었다. 복잡한 문제들을 고려해야 하는 화학제품의 특성상 기존에 쓰던 공급선을 바꾸는 것이 상당히 어렵기 때문에 고객이 쉽고 안전하게 제품을 사용할 수 있도록 시각화하는 것은 매우 중요하다. 사용자의 문제는 공급선을 바꾸는 것과 관련해서 고객이 공포를 가지고 있다는 것이고, 이러한 문제를 해결한 방법은 자사 제품을 도입하는 프로세스를 최대한 쉽고 자세하게 설명하는 프로세스 시각화였다.

지불자의 문제

전통적인 제품 기반 경제에서 지불자가 주요 고객으로서 많은 관심을 받아왔고, 실제 많은 서비스가 지불자 중심으로 제공되었다. 그렇다면 지불자의 역할을 어떻게 혁신할까? 기존에는 주로 '어떻게 지불하느냐'에 초점을 맞췄다. 다시 말해 일시불이나 할부, 개별 제품 혹은 패키지, 고정가격 혹은 변동가격 등을 중심으로 혁신이 이루어졌다.

하지만 서비스 기반 경제에서는 '제품의 서비스화'라는 표현처럼 제품에 대한 지불이 서비스에 대해 지불하는 형식으로 전환된다. 이러한 변화는 고객이 느끼는 가치와 지불해야 하는 가격에 격차가 벌어지지 않도록 가격을 조정하는 방식으로, 가치에 중점을 두고 지불자의 역할을 혁신해야 함을 뜻한다.

구매자의 문제

기술의 발전, 특히 인터넷과 모바일 기술의 발전과 더불어 구매자의 역할도 많이 달라졌다. 구매 프로세스를 변화시키거나, 공급사슬에서 불필요한 부분을 없앰으로써 구매자의 역할을 혁신할 수 있다. 구매자의 역할은 일반적으로 구매 프로세스에서 무엇을 어떻게 찾고 의사결정할 것인가와 관련 있다. 고객 역할의 혁신을 통해 서비스 혁신에 성공하려면 고객이 제품이나 서비스로 얻고자 하는 게 무엇인지, 실제로 어떤 문제들을 가졌는지, 그러한 문제를 해결하기 위한 대안은 무엇인지를 깊이 관찰하고 연구해야 한다.

온디맨드 서비스
비즈니스모델 만들기

　대융합과 초지능화가 펼쳐지는 4차 산업혁명 시대, 이전에는 생각하지도 못한 다양한 제품과 서비스가 폭발적으로 쏟아져나오고 있다. 기업 측면에서 보면 이러한 변화는 무엇을 의미할까? 공급자 중심으로 제품이나 서비스를 제공하는 기업보다 고객이나 사용자가 원하는 것을 제공하는 기업이 더 경쟁력 있고, 그러한 기업이 되면 한계를 격파하고 지속적으로 성장할 수 있다는 것을 의미한다. 따라서 비즈니스모델 또한 이러한 시대적 변화에 걸맞게 변화해야 한다. 특히 기술적 변화에 취약한 작은 기업들은 디지털에 익숙한 소비자에게 외면당할 가능성이 높아 이러한 변화를 더욱 적극적으로 수용해야 한다.

　'비즈니스모델'이라는 말을 자주 들어보았을 것이다. '오픈 이노베이션'의 창시자인 헨리 체스브로Henry W. Chesbrough 교수는 비즈니스모델을 "아이디어 및 기술과 경제적 성과를 연결하는 프레임워크"라고 정의했다. 《비즈니스모델의 탄생》의 공저자인 알렉산더 오스터왈더Alex Osterwalder와 예스 피그뉴어Yves Pigneur는 "조직이 어떻게 가치를 창출하고 전달하고 획득하는지를 논리적으로 정리한 것"이라고 정의했다.

다시 말해, 비즈니스모델은 기업이 고객을 위한 가치를 어떻게 창출해 전달하고, 어떤 방법으로 수익을 달성할 것인가를 설명하는 하나의 스토리다. 따라서 좋은 비즈니스모델을 만든다는 것은 어떤 고객을 대상으로 어떤 자원과 프로세스를 이용하여 어떻게 차별화된 가치와 경쟁우위를 가진 독창적인 솔루션을 제공할 것인가를 고민하는 것이다.

디지털에 특화된 비즈니스모델의 3가지 조건

디지털 트랜스포메이션으로 산업구조가 바뀌고 있다. 개개인의 취향과 필요에 맞게 각기 다른 서비스를 탐색할 수 있는 산업구조로 말이다. 사용자는 필요한 제품이나 서비스를 구매하기 위해 과거처럼 이동하거나 기다릴 필요가 없다.

이런 상황에서 기업이 기존의 공급자 중심 비즈니스모델을 고집하는 것은 재앙과 같은 일이다. 과거의 전통적 비즈니스모델을 바꿔야 한다. 앞에서 여러 번 강조한 온디맨드 서비스 시스템을 갖춰 고객이 원하는 시점에, 원하는 장소에서, 원하는 형태로 서비스를 제공해야 한다는 뜻이다. 온디맨드 서비스 시스템은 기존에는 독립적인 서비스 모델로 존재했지만, 지금은 다양한 제품과 서비스가 존재하는 통합적 플랫폼의 형태로 합쳐지고 있다.

강력한 비즈니스 플랫폼들이 등장함에 따라 오늘날 비즈니스는 개별기업 간의 경쟁이 아닌 플랫폼 간 경쟁으로 진화하고 있다. 앞에서 설명한 음원, 영상, 생필품 구독 서비스는 물론이고 각종 생활편의 서비스, 신변보호 서비스에 이르기까지, 고객은 다양한 서비스 플랫폼 중에서 자신의 필요를 가장 잘 충족시킬 수 있는 곳을 골라서 사용하는 데 이미 익숙해졌다.

사용자의 선택을 받으려면 어떻게 해야 할까? 경쟁자들과 차별된 전략과 시스템뿐만 아니라, 사용자 중심의 온디맨드 서비스 창출과 제공을 위한 효과적인 비즈니스모델을 구축하는 것이 필수다. 성공적인 비즈니스모델을 구축하기 위해서는 다음의 3가지를 고려해야 한다.

가치제안

첫째, 고객이 필요로 하는 가치를 제안customer value proposition한다. 제품이나 서비스 자체보다는 고객의 문제해결과 잠재욕구 충족을 위한 솔루션 제공에 초점을 둔다. 또한 아직 충족되지 않은 고객군을 발굴해도 좋고, 높은 편의성이나 낮은 가격같이 잠재고객과 비고객에게 제공할 새로운 가치를 제안하는 것도 좋은 방법이다.

효과적인 수익 메커니즘 설계

둘째, 효과적인 수익 메커니즘revenue mechanism을 설계한다. 전통적인 비즈니스모델은 제품이나 서비스를 판매하고 거기에 따르는 대금을 회수하는 것이다. 이러한 비즈니스를 '수익의 원천인 비즈니스 활동이 바로 수익이 되는 모델'이라고 부른다. 하지만 대부분의 소비활동이 디지털 방식으로 이루어지는 요즘 같은 시대에는 수익의 원천과 수익 자체가 일치하지 않는 경우도 많고, 단순히 판매만 해서는 충분한 수익을 내기 어렵다. 예를 들어 렌탈, 리스, 쿠폰 등의 방식으로 제공되는 서비스를 발굴해 제공하고, 수수료 혹은 대가를 받거나 가입료 혹은 구독료를 받는 형태가 있다. 또한 구글처럼 광고를 중심으로 서비스 이용자와 사용료를 지불하는 사람이 다른 경우도 있다. 이처럼 다양한 수익 메커니즘을 유연하게 실현할 수 있는 조직과 시스템을 갖추고, 자원과 프로세스를 설계하는 것이 매우 중요하다.

모방 불가능성 확보

마지막으로, 모방 불가능성inimitability을 확보한다. 지속 가능한 경쟁 우위를 확보하기 위해서는 경쟁사가 쉽게 따라올 수 없도록 해야 한다. 기술, 제품, 서비스는 물론이고 비즈니스모델까지도 모방 불가능하게 만드는 것이 필요하다.

기존의 비즈니스모델, 언제 어떻게 혁신할 것인가?

기존의 비즈니스모델을 재구성하는 것도 중요하지만 새로운 성장 동력을 찾고자 한다면, 경영환경·기술·시장변화에 맞춰 완전히 새로운 비즈니스모델을 만드는 것이 훨씬 유리하다. 비즈니스모델을 혁신해야만 하는 시점인지 아닌지를 판단할 수 있는 5가지 전략환경은 다음과 같다.[44]

첫째, 이미 시장에 나와 있는 상품 또는 서비스가 지나치게 비싸거나 복잡하다는 이유로 시장에서 이탈한 잠재고객이 상당수 존재한다, 그리고 이들의 욕구를 파괴적 혁신을 통해 충족시킬 수 있다.

둘째, 애플의 아이팟이나 아이폰 혹은 MP3 플레이어의 사례처럼 혁신적인 기술이 세상에 나왔을 때, 이를 바탕으로 하는 새로운 비즈니스모델을 개발할 기회가 있거나, 이미 효능이 검증된 기술을 새로운 시장에 선보일 기회가 있다.

셋째, 기업들이 제품군이나 고객군에 집중해 기존 제품을 꾸준히 개선하지만 시간이 지날수록 범용 상품화commoditization 되어 고객의 욕구가 충족되지 않는 상황이다.

넷째, 소규모 제철소가 낮은 비용으로 철강을 생산하면서 종합 제철소를 위협하는 것과 같은 상황이다. 즉 저가시장을 공략하는 파괴자들이 많이 생겨나면서 이에 대항해 경쟁력을 회복해야 한다.

다섯째, 시장에서 고객의 선택을 받은 솔루션이라도 시간이 흐르고 환경이 변화하면서 서비스 내용이나 방법을 바꾸어야 경쟁할 수 있는 것처럼, 경쟁환경의 변화에 대응해야 할 때다.

위의 5가지 전략환경 중 하나라도 해당된다면 비즈니스모델을 혁신할 시점이다. 만약 타이밍을 놓쳐 혁신에 실패한다면 그 기업은 경쟁력을 상실하고 쇠락의 길을 걷게 될 것이다.

앞에서 살펴본 바와 같이, 비즈니스모델을 성공적으로 구축 혹은 재구축하려면, 고객에게 가치를 제안할 수 있어야 하고, 효과적인 수익 메커니즘을 갖추어야 하며, 다른 경쟁사들과 차별화된 고유하고 모방 불가능한 자원과 역량을 보유해야 한다.

이런 관점에서 보면, 비즈니스모델은 고객가치제안CVP, Customer Value Proposition, 이익공식profit formula, 핵심자원key resources, 그리고 핵심 프로세스key processes 등 4가지 요소로 구성된다.[45]

이 4가지 요소 중 고객가치제안은 타깃고객, 문제, 솔루션으로 구성되며, 일반적으로 고객에게 중요한 것일수록, 현재의 대안에 대한 만족도가 낮을수록, 가격이 낮을수록 고객가치제안은 강해진다. 이 익공식은 수익모델, 비용구조, 마진모델, 자원활용속도 등으로 구성된다. 핵심자원은 고객가치제안을 실현하는 데 필요한 자원으로, 사람, 기술/제품, 설비, 정보, 유통채널, 파트너십 및 협력관계, 브랜드 등이 이에 속한다. 핵심 프로세스는 CVP의 수익성 있는 제공을 반복, 확장 가능하게 만드는 규칙, 측정기준 및 규범을 의미한다.

고객가치제안

비즈니스모델의 구성은 기업이 고객에게 제공하고자 하는 새로운 서비스에 대한 가치제안을 명확히 하는 데서 시작된다. 이는 기업이 제공하고자 하는 서비스가 무엇인지에 대한 기본적인 정의와 고객이

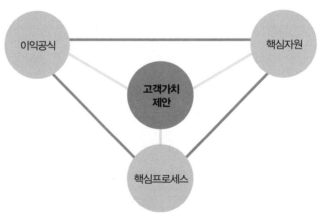

그림28 비즈니스모델 구성요소

제공된 서비스를 어떻게 이용할지를 정의하는 활동을 포함한다. 여기서 말하는 가치란 '주관적으로 판단되는 어떠한 대상의 진가worth'다.

가치제안은 다음과 같은 단계를 따른다. 첫째, 가치를 창출하는 잠재적 기회를 식별하는 것으로, 고객의 관점에서 생각해야 한다. 즉, 기업이 해결하고자 하는 고객의 문제가 무엇이고, 그 문제가 얼마나 중요한지를 생각해봄으로써 가치를 창출할 수 있는 잠재적 기회를 식별하는 것이다. 둘째 식별된 기회를 고객에게 제공할 제품 또는 서비스로 전환하는 것이다. 셋째는 제품과 서비스를 판매해 가치를 실현하는 것이다. 여기서 말하는 '가치의 실현'은 기업에 의해 일방적으로 실현되는 것이 아니라 고객과 함께 실현한다는 의미를 포함한다.

이런 차원에서 고객가치제안의 구성요소를 살펴보면, 타깃고객, 고객이 가진 문제, 그리고 솔루션으로 구분할 수 있다. 제품이나 서비스를 제공해야 하는 고객이 누구인지를 명확하게 정의하지 않으면 그들이 가진 문제 역시 알아낼 방법이 없다. 새로 사업을 시작하는 스타트업 창업자가 가장 자주 저지르는 실수가 바로 타깃고객을 명확하게 설정하지 않는 것이다. 빵 하나를 만들어 팔더라도 누가 이 빵을 먹을지 명확하게 정의해야 한다. 구체적인 지역, 연령대, 성별 등으로 고객을 좁고 자세하게 정의하지 않으면 너무 넓은 범위를 대상으로 삼게 된다. 그렇게 되면 제품이나 서비스의 고유한 특성이 사라지고 얼마 못 가 사업은 곤경에 빠진다.

기본적으로 고객은, 현재 기업이 제공하는 서비스를 이용하는 집단과 아예 이용하지 않는 집단으로 나뉜다. 전자는 다시 미충족 고객과 과충족 고객으로 나눌 수 있다. 앞에서 설명했듯이 미충족 고객은 현재의 서비스에 만족하지 못하고 더 좋은 제품이나 서비스를 요구하는 집단이고, 과충족 고객은 현재 제공되는 서비스나 제품이 불필요한 요소가 너무 많아 가격이 높다고 생각하는 집단이다.

서비스를 아예 이용하지 않는 고객집단은 비사용자라고 부른다고 앞에서 설명했는데, 이들은 제품이나 서비스의 존재를 모르거나, 사용방법을 모르거나 혹은 돈이 없어 이용할 수 없는 고객집단이다. 비사용자 집단은 다양한 문제를 안고 있지만 숫자로는 기존 고객보다 훨씬 많으므로 솔루션을 잘 개발하면 매력적인 시장이 될 수 있다.

그다음으로는 고객이 해결하고자 하는 문제를 정확하게 이해하는 것이다. 타깃고객이 정해지면 그들은 무엇을 불편해하는지, 어떤 문제들을 안고 있는지를 정확하게 이해해야 한다. 대부분 상품개발자의 시각으로 보거나 공급자의 시각으로 이해하려 하다 보니 고객의 문제를 정확하게 이해하지 못하는 경우가 많다. 간혹 설문 등을 통해 고객에게 직접 물어보는데, 고객 스스로가 문제를 정의해서 내놓으리라고 생각하는 건 지나친 기대다.

그렇다면 고객은 언제 가치의 창출과 실현을 실감할까? 자신이 직면한 문제를 해결하는 데 드는 비용을 감소시켜주는 능력 혹은 새로운 기회와 해결책을 창출해낼 능력을 제공받을 때 비로소 가치를 실감한다. 따라서 기업이 고객에게 가치를 제공하기 위해서는 고객이 가진 문제를 정확하게 이해하고 이에 따른 해결책을 제시해야 한다.

이 책의 서두에서 소개한 사례를 다시 살펴보자. 건설사의 경우 프로젝트 성공에 가장 중요한 것은 공사기간을 단축하는 것이다. 건설사는 건물을 짓기 위해 토지를 매입하고 다양한 분야의 전문기술자, 중장비 등을 모아야 한다. 여기에는 막대한 자금이 투입된다. 건설사가 제시간에 공사를 마치려면 건설장비가 잘 정비된 상태로 준비되어 있고 필요한 시점에 즉시 투입되어야 한다.

이러한 건설사의 문제를 해결하기 위해 힐티Hilti 같은 회사는 건설장비 렌탈 서비스와 유지보수 서비스를 제공한다. 과거에는 건설장비를 판매했지만 이제는 건설장비를 자신들이 보유하고 이를 서비스로 제공하는 비즈니스로 변신한 것이다. '고객가치제안'이라는 관점에서 보면, '고품질의 장비를 낮은 가격에 판매'하던 것에서 '고객이 필요한 시점에 건설장비를 제공하는 서비스'로 가치제안을 바꾼 것이다.

이익공식

비즈니스모델의 두 번째 요소는 이윤구조에 대한 정의다. 이윤구조란 고객이 얼마를 지불할 것인가, 가격을 얼마로 책정할 것인가, 창출된 가치를 고객과 서비스 제공 기업, 공급자가 얼마의 비율로 나눌 것인가를 정의하는 것이다. 물론 기업은 하나의 서비스에 하나 이상의 가격 지불 메커니즘을 활용할 수 있다.

여기서 주의할 점은, 기업이 제공하는 서비스가 수익에 직접 기여하지 않을 수도 있다는 점이다. 앞서 말했듯이 구글의 경우, 고객에게 정보검색 서비스를 제공하지만 개인 고객에게 돈을 받지는 않는다. 구글의 수익은 검색광고나 기술 라이센싱으로부터 나온다.

자사 비즈니스의 특성에 맞게 적정한 수익모델을 설계하는 것은 기업의 성장과 생존에 매우 중요하다. 비용구조는 고객이 가진 문제를 해결하는 데 필요한 자원과 프로세스의 형태에 따라 결정된다. 기업의 비용은 크게 보면 고정비와 변동비로 구분된다. 변동비는 제품이나 서비스를 생산하면서 들어가는 비용으로 제품이나 서비스의 수량에 따라 증가하지만, 고정비는 건물이나 공장, 인력 등 한 번의 투자에 전체 금액이 결정되는 것을 말한다.

핵심자원

고객가치제안이 결정되고 수익모델이 정해지면, 이를 달성하는 데 필요한 자원을 조달하고, 그것을 운영하기 위한 프로세스를 설계해야 한다. 기존 연구들에 따르면, 한 기업이 경쟁에서 성공을 유지하기 위해서는 크게 3가지 능력을 갖춰야 한다고 말한다. 첫째는 핵심자원에 대해 경쟁자와 다르게 접근하는 능력이고, 둘째는 경쟁자가 쉽게 모방할 수 없는 가치를 고객에게 전달하는 내부 프로세스를 창출하는 능력, 셋째는 시장에 대한 풍부한 경험과 미래 시장에서 자신의 비즈니스를 운영할 추진력 등이다.

다시 힐티의 예를 살펴보자. 건설장비를 판매하던 과거에 힐티는 판매를 위한 유통채널, 신제품 개발을 위한 연구개발 부서, 그리고 인건비가 싼 지역에 위치한 공장을 핵심자원으로 보유했다. 그리고 판매 프로세스, 연구개발 프로세스 등이 핵심 프로세스였다.

하지만 비즈니스모델을 렌탈 및 유지보수 서비스로 바꾼 후에는 고객관계 관리역량, 건설사와의 협상역량, 재고관리역량, 유지보수를 위한 정보시스템 등을 핵심자원으로 보유하게 되었고, 계약 프로세스, 유지보수 프로세스, 재고관리 프로세스를 핵심 프로세스로 재설계했다.

비즈니스모델을 구성하는 자원과 프로세스의 유형을 결정하는 것은 기업의 경쟁전략이다. 동일한 서비스를 제공하는 기업이라 하더라도 타깃 시장에서 고객의 가치를 극대화하기 위해 어떤 경쟁전략을 펼쳐나갈지에 따라 자원과 프로세스의 사용법이 달라진다. 경영전략 분야의 세계적인 권위자 마이클 포터Michael E. Porter 교수는 원가우위, 차별화 혹은 집중화를 기반으로 경쟁할 것을 강조했다. 하지만 최근에는 제품 기반 전략인지, 서비스 기반 전략인지가 경쟁전략에서 매우 중요해졌기 때문에 기존의 전략적 요소에 반드시 이 2가지의 구분을 추가해야 한다.

비즈니스모델을 성공적으로 구축하려면 이와 같은 여러 구성요소를 체계적·유기적으로 연결하고, 각각의 요소들이 고유한 목적에 맞게 기능하도록 해야 한다. 세계에서 가장 큰 유통회사인 월마트의 경쟁전략을 살펴보자. 월마트는 원가우위 전략을 사용한다. 이 전략을 실행하기 위해 먼저 점포를 시골이나 한적한 곳에 두었다. 또한 독특한 배송센터 시스템을 구축해 공급자가 매장에서 직접 제품공급을 관리하도록 했고, 위성 기반의 트럭운송 관리시스템도 만들었다.

핵심 프로세스

핵심 프로세스를 설계할 때 중요한 것은, 가치사슬을 고려하는 것이다. 기업이 가치제안(타깃 시장과 고객의 문제, 그리고 필요한 서비스)을 보유했다면, 이를 실현하기 위한 자원과 프로세스를 정의함으로써 가치사슬을 구성할 수 있다. 가치사슬은 반드시 다음의 3가지 목표를 충족시켜야 한다. 첫째, 가치사슬을 구성하는 특정한 참여자가 아닌 전체 참여자들이 가치를 창출해야 한다. 둘째, 가치사슬에 참여한 참여자들이 충분한 비율의 가치를 확보할 수 있도록 보장해주어야 한다. 셋째, 타깃 고객에게 서비스를 생산·전달하는 데 필요한 많은 행위들을 가치사슬로 조율할 수 있어야 한다.

이윤을 얻고자 하는 기업에게 가치창출은 필요조건이긴 하지만 충분조건은 아니다. 일단 기업이 자신의 서비스를 전달하는 데 필요한 가치사슬을 인식했다면 그다음에는 자신의 가치를 어떻게 달성할 것인가를 정의해야 한다. 마이클 포터 교수는 가치창출능력이 기업, 고객, 공급자, 경쟁자 간의 힘의 균형에 달려 있다고 했다. 또 다른 연구들에서는 가치창출이 기업이 제공하는 서비스의 가치를 증가시키는 보완적 제품 혹은 서비스의 활용 가능성에 달려 있다고 했다.

고객의 문제를 해결하는 솔루션을 만들고 서비스하기 위해서는 기업 자신의 자원과 프로세스로 구성된 직접적인 가치사슬 외에 제3자인 협력사와 파트너사도 포함되어야 한다. 가치사슬에 협력사와 파트너사를 포함하면 가치 네트워크가 된다. 비즈니스모델을 기반으로 형성된 가치 네트워크는 공급자, 고객, 그리고 제3의 파트너들로 구성되며, 이들은 혁신적 가치를 확보하는 데 중요한 역할을 한다.

기업은 가치 네트워크 속 구성원들과의 강력한 연결고리를 형성해 자신이 제공하는 서비스의 가치를 향상시킬 기반을 마련한다. 이러한 가치 네트워크 구축에 실패하면 기업이 제공하는 서비스의 잠재적 가치가 하락할 수 있다. 따라서 서비스 경쟁을 할 때 강력한 가치 네트워크를 구축하는 것은 매우 중요하다. 다시 말해, 가치전달 프로세스에 제3자가 가진 프로세스를 포함시키고 전체를 유기적으로 연결해야 한다는 것이다.

예를 들어 주유소, 카센터, 부품판매점, 도로 등 자동차 주행을 위한 가치 네트워크가 없다고 생각해보자. 이런 상황에서는 자동차 제조사가 아무리 좋은 차량을 생산해도 많이 팔리지 않을 것이다. 따라서 자동차 제조사의 성공은 가치 네트워크의 형성 정도에 비례한다.

또 다른 예로는 웅진 코웨이의 페이프리Pay Free 서비스를 들 수 있다. 금융위기 상황에서 고객들이 정수기 렌탈 서비스를 더 이상 사용하지 않겠다고 했다. 이런 상황에서 웅진 코웨이는 어떻게 했을까? 고객들의 계약취소나 연장취소를 그냥 받아들여야 할까? 아니면 고객을 설득해 계속 사용하도록 해야 할까? 그것도 아니라면 다른 방법을 고민해야 할까? 웅진 코웨이는 이러한 고객의 문제를 해결하기 위해 페이프리 서비스를 출시했다. 간단하게 말해, 이 서비스는 고객들이 더 이상 사용료를 지불하지 않아도 된다는 것이다. 그렇다면 웅진 코웨이는 어떻게 수익을 얻을까? 웅진 코웨이는 신용카드회사라는 협력 파트너를 비즈니스모델에 포함시키고 이들이 캐시백cash back을 통해 고객 대신 정수기 사용료를 납부하도록 했다. 결과는 매우 성공적이었다. 결국 웅진 코웨이는 자신과 고객이 서비스와 사용료를 교환하는 프로세스에 신용카드사를 포함시켜 서비스 프로세스를 획기적으로 바꾸는 혁신을 도입함으로써 고객의 문제를 해결했다.

기존 시장을 뒤흔드는 혁신적 비즈니스모델의 6가지 특징

고객가치제안을 정하고 필수적인 자원과 프로세스를 구축하면 비즈니스모델이 만들어진다. 고객가치제안을 엄밀하게 정의하고 자원과 프로세스의 경쟁력을 높일 수 있다면 차별화된 비즈니스모델을 만들 수 있다. 하지만 이러한 비즈니스모델도 모두 기존 시장을 뒤흔들만한 힘은 없다.

사람들은 혁신적인 기술이 산업의 변화를 이끌 혁신적인 비즈니스를 만들어낼 것이라고 착각한다. 소위 디스럽티브disruptive 이노베이션, 파괴적 혁신을 기대한다. 하지만 산업지형을 바꿀 정도의 비즈니스모델이 만들어지려면 새로운 기술과 시장의 요구를 정확하게 연결시켜야 한다.[46]

온디맨드 숙박 서비스의 대표주자 에어비앤비는 디지털플랫폼을 이용해 전통적인 호텔 비즈니스를 뒤흔드는 새로운 비즈니스모델을 만들었다. 엄청난 자산을 가진 일반적인 호텔 체인과는 다르게 에어비엔비는 부동산을 소유하지 않는다. 숙박할 곳을 찾는 개인과 집을 공유하려는 집주인을 연결해주고 숙박비의 일부를 수수료로 가져가는 온라인 플랫폼 역할을 수행한다. 물리적인 자산을 소유하거나 관리하지 않기 때문에 사업을 확장하더라도 호텔 체인처럼 막대한 자금이 들어가지 않는다. 집주인이 숙소와 모든 서비스를 유지·관리하기 때문에, 호텔보다 평균 30% 낮은 가격을 고객에게 제공할 수 있고, 수요에 탄력적으로 대응하면서도 위험 부담을 낮출 수 있다. 이처럼 에어비앤비의 비즈니스모델은 디지털기술을 통해 고객들이 원하는 것을 실현시켜주는 접점 역할을 수행하는 것이다.

아무리 혁신적인 기술이라도 비즈니스모델이 없다면, 즉 고객의 문제해결에 활용되지 않는다면 산업지형을 바꿀 수 없다. 그렇다면 이와 같은 파괴적 혁신에 성공한 비즈니스모델은 어떤 특징을 가질까? 케임브리지대 경영대학원장 스텔리오스 카바디아스Stelios Kavadias 교수 등이 40개 기업이 운영하는 새로운 비즈니스모델을 심층 분석해 다음과 같은 6가지 특징을 제시했다. 첫째 맞춤형 제품이나 서비스 제공, 둘째 폐쇄형 루프 프로세스, 셋째 자산 공유, 넷째 사용량 기반 가격 결정, 다섯째 협력적인 생태계, 여섯째 높은 민첩성과 적응성 등이다. 새로운 기술과 시장의 니즈를 연결하는 파괴적 비즈니스모델 특성을 그림으로 나타내면 다음 페이지의 [그림29][47]와 같다.

모빌리티 온디맨드 서비스인 우버는 여기 나온 6가지 특성 중 5가지를 가지고 있다. 자동차를 제공하는 운전자와 협력하여 자동차 소유에 대한 리스크를 줄이고, 빅데이터를 활용해 플랫폼을 운영하며 협력적인 생태계를 조성했다. 특히 빅데이터와 인공지능을 활용해 실시간으로 수요변화에 민첩하게 대응할 수 있었기 때문에 높은 요금을 받을 수 있는 곳으로 운전자를 안내하고, 사용량 기반의 가격결정도 가능하게 했다.

또한 고객에게는 운전자를 평가하는 시스템을 제공해 가장 가까운 곳에 있는 운전자와 그의 평점을 볼 수 있게 했다. 이는 고객 신뢰를 높이고 청결, 안전, 맞춤형 서비스 등 서비스의 품질을 높였다. 다음 페이지의 [그림31][48]은 카바디아스 등이 평가한 40개 회사 중 상위 22개 회사의 비즈니스모델 특성을 나타낸 것이다.

테크놀로지 트렌드	혁신 성공의 핵심	시장의 니즈

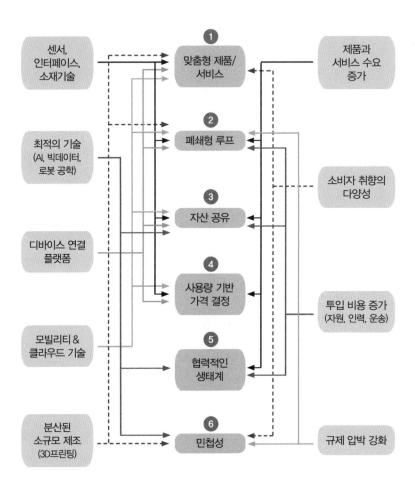

그림29 기술과 시장의 연결

	비즈니스	산업	맞춤형 제품/서비스	폐쇄형 루프	자산 공유	사용량 기반 가격 결정	협력적 생태계	민첩성	점수
1	우버	택시	O		O	O	O	O	5
2	에어비앤비	부동산	O		O		O	O	4
3	아마존	소매유통	O			O	O	O	4
4	델	전자	O			O	O	O	4
5	구글 애드워즈	광고	O			O	O	O	4
6	이케아	소매유통	O	O			O	O	4
7	레고 팩토리	완구	O			O	O	O	4
8	리프트	택시	O		O		O	O	4
9	필립스 페이퍼럭스	조명		O	O		O	O	4
10	집카	교통	O		O	O		O	4
11	조파	금융	O		O	O		O	4
12	알리바바	소매유통	O			O	O		3
13	애플(아이팟)	전자	O			O	O		3
14	ARM	전자	O				O	O	3
15	캐논	전자/복사기		O		O	O		3
16	저스트파크	부동산	O		O	O			3
17	라이브옵스	콜센터			O		O	O	3
18	엠페사	금융	O		O		O		3
19	메디캐스트	헬스케어	O		O		O		3
20	리코 페이퍼페이지	전자		O		O	O		3
21	롤스로이스	엔진		O		O	O		3
22	세일즈포스닷컴	소프트웨어	O		O	O			3

그림30 상위 22개 회사 비즈니스모델 평가 결과

디자인씽킹으로
비즈니스모델 만들기

인터넷과 모바일의 활성화는 독특하고 개성 있는 소비행동을 불러왔다. 프로슈머, 트라이슈머, 크로스오버소비, 바겐헌터, 큐레이슈머, 리뷰슈머, 트윈슈머, 앰비슈머, 소셜슈머 등 다 열거하기도 어려운 다양한 개념의 소비 트렌드들이 생겨났다. 이처럼 다종다양한 고객을 연구해야 하는 시대가 된 것이다. 고객은 기업이 다양한 신기술이 적용된 제품과 서비스를 통해, 더 편리한 구매, 더 높은 수준의 가치를 제안해주기를 기대한다. 그렇다면 이미 눈높이가 한껏 높아진 고객에게 기업은 어떻게 더욱 창의적이고 사용자 중심적인 비즈니스모델로 가치를 제안할 수 있을까?

앞에서 설명했듯이 먼저 고객의 유형을 분류하고, 분류된 고객의 유형별 문제를 잘 이해하고 정의해야 한다. 그리고 이렇게 잘 정의된 문제들에 대한 가장 적절한 해법을 제시해야 한다. 이번에는 최근 많이 활용되는 디자인씽킹design thinking과 솔루션 중심 사고를 활용해 비즈니스모델 만드는 방법을 소개한다.

먼저 디자인씽킹은 '문제해결을 위해 디자이너가 활용하는 창의적 전략'을 말하는데, 영국의 서비스 디자인 기업 피오르드Fjord[49]는 '상품 개발과정에 비즈니스와 기술적 요구를 통합, 적용해 사용자가 요구하는 바를 전달하는 방법론'이라고 정의한다. 디자인 전문 교육기관 루마 인스티튜트LUMA Institute의 CEO 크리스 파치오네Chris Pacione에 따르면, 디자인씽킹은 디지털 이니셔티브를 활용해 비즈니스 트랜스포메이션을 이끌고자 하는 많은 기업이 이미 주요 전략적 수단으로 활용하고 있다.[50]

이렇듯 디자인씽킹은 과거 제품 중심의 사고에서 디자인 중심, 곧 사용자 중심으로 문제를 정의하고 창의적으로 해결책을 찾아내는 데 효과적이다. 디자인씽킹으로 비즈니스모델을 구체화하는 방법론이 e-파이프(ePipe, empathizing-Problem identification-ideation-proto-

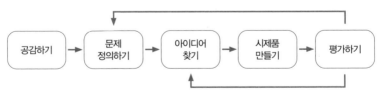

그림31 e-파이프 기법

typing-evaluation) 기법이다. e-파이프는 사용자 입장에서 정의된 문제를 디지털 파이프Pipe에 넣어 다양한 아이디어를 도출하고 해결책을 만들며, 이를 실행하기 위한 시제품(제품이나 서비스)을 만들어 고객에게 평가받는 방법이다.

1. 공감하기

'공감하기empathizing'란 사용자(고객)의 입장에서 상황을 관찰하고 문제를 발견해가는 과정이다. 관찰, 인터뷰, 열중하기immerse, 경험 등을 포괄적으로 활용한다. 관찰은 대상이 되는 사용자의 자료를 수집하는 귀납적 방법으로 대상의 형태가 발생하는 자연적인 맥락context을 이해하고 영감을 얻도록 해준다. 인터뷰는 사용자의 특징이나 속성을 더욱 구체적으로 파악할 수 있도록 질의응답을 통해 정보와 의견을 알아내는 방법이다.

'열중하기'는 관찰보다 더 적극적인 참여방식이다. 직접적인 체험을 통해 정보를 파악하는 방법으로, 다양한 체험을 통해 정보자산을 축적한다. 사용자의 상황을 파악하고 이해하는 과정에서 관찰자는 이타적으로 사용자의 입장에 공감하고, 문제해결 방안을 탐색한다.

2. 문제 정의하기

'문제 정의하기problem identification'는 해결해야 할 문제를 찾아 유형화하고, 이 문제가 무엇을 의미하는지를 규명하는 단계다. 이전 단계인 공감하기에서 대상, 즉 고객유형을 분류했다면, 문제정의 단계에서는 분류된 고객들이 가진 문제, 해결을 원하는 문제가 무엇인지 파악한다. 이때 문제는 관념적·추상적인 것이 아니라, 실질적·실제적인 것이어야 하고, 해결되었을 때 가치를 제공해야 하며, 나아가 영감을 불러일으켜야 한다.

문제정의 단계에서 중요한 것은 고객의 문제를 분류하고 유형화하는 것이다. 여기서 말하는 문제는 고객 스스로 해결하기 어려운 것으로, 이를 해결함으로써 고객이 얻을 수 있는 가치가 분명해야 한다. 고객이 가진 문제가 무엇이고, 그 문제는 어떤 결과를 야기하는가? 문제를 정확히 파악하고 정의한다는 것은 단순히 문제상황을 기술하는 것에 그치는 것이 아니라, 최적의 해답을 찾을 가능성을 높여준다. 다시 말해, 문제정의는 실질적 문제해결을 위한 필수불가결한 요소다. 이때 디자인 씽킹은 문제해결과정을 창의적으로 수행하는 데 도움을 준다.

3. 아이디어 찾기

'아이디어 찾기ideation'는 앞에서 정의한 문제에 대해 다양한 해결책을 찾는 단계다. 이 단계에서는 가장 적절한 해결책을 찾기 위해 다양한 배경과 경험을 바탕으로 수많은 의견을 듣고 취합한다. 문제해결을 위해 도출된 아이디어들이 모두 창의적일 수는 없으나, 해결책을 찾아가는 과정은 창의적이어야 한다. 전통적인 해결방법은 물론이고 브레인스토밍, 속성열거법, 가정에의 도전, 스캠퍼SCAMPER 기법, 마인드맵 등 다양한 방법을 동원해 도출된 아이디어를 시각화·구체화함으로써 정의된 문제에 가장 적합한 해결책이 되도록 최적화한다.

4. 시제품 만들기

'시제품 만들기prototyping'는 해결책으로 도출된 아이디어들을 추상적으로 남기는 것이 아니라 제품이나 서비스로 시각화하거나 구체적인 형태로 만들어내는 것이다. 솔루션이 될 만한 아이디어를 결합해 시제품을 미리 만들어봄으로써 효과적인 해결책이 될 수 있는지 그 가치를 미리 가늠해본다.

다시 말해 시제품은 제품의 대량생산이나 서비스 제공 단계에서 발생할 수 있는 예상치 못한 위험이나 비용을 사전에 파악하고, 재료나 기능, 필요요소를 쉽게 변경할 수 있도록 한다. 사용자의 의견을 제품이나 서비스에 적용하고 테스트해볼 수도 있다. 제조나 서비스 기업들은 본격적으로 제품을 생산하거나 서비스를 제공하기에 앞서 시제품을 디자인해 테스트베드에 적용해봄으로써 시행착오에 따른 평가비용을 절감해오고 있다.

5. 평가하기

'평가하기evaluation'는 사용자 입장에서 시제품(제품이나 서비스)을 경험해보고 냉정하게 평가하는 것이다. 마지막 단계인 만큼 평가단계에서 평가단이 시제품을 써보고 거기에서 가치를 느끼고 영감을 받았다면 디자인씽킹 프로세스가 성공했다고 볼 수 있다. 하지만 만약 그렇지 못하다면 문제 정의하기와 아이디어 찾기 단계를 다시 반복해야 한다. 시제품에 대한 평가가 만족스럽지 못하다면, 시제품은 문제해결 솔루션으로서의 가치가 낮아 시장에서 외면당하고, 한정된 자원과 역량을 낭비하는 결과가 된다. 따라서 평가는 정의된 문제유형과 최적의 솔루션 간의 관계를 면밀하게 살펴 냉정하게 이루어져야 한다.

디자인씽킹으로 문제해결한 에어비앤비

에어비앤비가 디자인씽킹으로 문제를 해결한 사례를 보자. 사업을 시작한 지 얼마 되지 않았을 때 에어비앤비의 창업자들은 매출이 오르지 않아 고민했다. 그들은 근본에서부터 다시 생각했다. 첫째로 에어비앤비 웹사이트를 고객의 입장에서 자세히 관찰했다. 숙소 주인들이 사이트에 올린 객실 사진들이 전반적으로 좋지 않았고, 고객이 그런 숙소에 돈을 쓰고 싶지 않을 것 같았다. 창업자들은 이러한 고객의 문제에 공감했다(공감하기).

당시 에어비앤비 호스트들은 주로 휴대폰 카메라로 사진을 찍거나 다른 사이트에 올라온 이미지 사진을 그대로 갖다 쓰곤 했다(문제 정의). 그래서 창업자들은 숙소가 가장 많이 모여 있는 뉴욕에 가서 호스트들과 만나 의견을 나누고 전문적인 카메라를 대여해 예술성이 있으면서 해상도도 높은 사진을 찍어서 올리기로 했다(아이디어 도출). 창업자들은 직접 뉴욕에서 카메라를 빌리고 사용자들이 궁금해할 만한 것들을 사진으로 찍어 웹사이트에 게시해보았다(시제품 제작).

그러자 놀랍게도 사진을 올리고 나서 1주일 뒤 매출이 2배로 뛰었다. 창업 8개월 만에 첫 번째 성장기록이었다. 이런 경험을 바탕으로 에어비앤비는 문제가 생길 때마다 창의적인 아이디어를 내서 실행하고 그것이 비즈니스에 주는 영향을 확인한 후 다시 수정하여 실행하기를 반복했다(평가하기).

비즈니스모델 캔버스에
신사업 아이디어 그려보기

비즈니스모델이란 "하나의 조직이 어떻게 가치를 창조하고 전파하며 포착해내는지를 합리적이고 체계적으로 묘사해낸 것"이다.[51] 앞에서도 언급한 《비즈니스모델의 탄생》의 공저자 알렉산더 오스터왈더와 예스 피그누어는 비즈니스모델을 이해하기 위한 수단으로 9개의 빌딩블록building block으로 구성된 '비즈니스모델 캔버스business model canvas'를 제시했다. 비즈니스모델 캔버스는 비즈니스모델 구성요소인 고객가치제안, 이익공식, 핵심자원, 그리고 핵심 프로세스라는 4가지 요소를 조금 더 세세하게 구분해서 작성하도록 해놓은 것이다. 비즈니스모델 캔버스의 9가지 구성요소는 [그림33]과 같다. 9가지 구성요소는 고객가치제안, 채널, 고객관계, 핵심자원, 핵심활동, 핵심 파트너, 비용구조, 수익원이다.

1. 고객가치제안

앞서 설명한 고객가치제안의 내용을 기억할 것이다. 다시 요약하면, 고객가치제안value proposition은 특정한 고객이 가진 문제를 해결하기 위해 제공하는 솔루션을 정의한 것으로 상품이나 서비스의 조합을 의미한다. 덧붙이자면, 고객가치제안은 회사가 판매하고 있는 모든 제품과 서비스를 묶어서 제안하는 것이 아니라 표적고객customer segment이 가진 문제를 해결하기 위한 우리만의 특별한 무엇인가를 제안하는 것이라는 점에 주의해야 한다. 예를 들어, 고객이 쉽게 변경해서 사용할 수 있는 것, 기능성이 높은 것, 리스크를 절감시켜주는 것, 디자인이 탁월한 것, 가격이 저렴한 것, 접근성이 좋은 것, 새로운 것 등이 있다.

다만 새로운 가치를 나타낼 때는 자사의 가치제안이 경쟁사보다

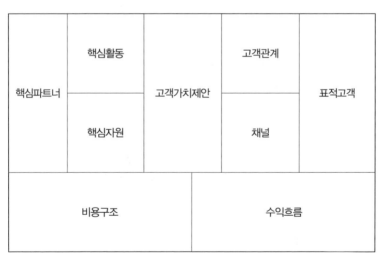

그림32 비즈니스모델 캔버스

얼마나 좋은지를 최대한 쉽고 구체적인 용어로 전달해야 한다. 획기적인 비용절감, 탁월한 기능성 등을 명확하게 표현하라는 말이다. 예를 들면, '마시기 쉽고 재미있는 와인'(카셀라와인의 옐로우테일Yellow tail), '매일 저렴한 가격'(월마트), '안전하면서도 가장 싼 차'(타타자동차) 같은 표현은 누가 들어도 한 번에 이해한다.

2. 표적고객

표적고객은 회사가 특정한 비즈니스모델을 만들 때 목표로 하는 고객군을 말한다. 비즈니스모델 캔버스에서는 표적고객이 누구이고 이들은 어떠한 문제를 가졌는지를 정확하게 기술해야 한다. 특히 중요한 점은 최대한 구체적으로, 최대한 작은 단위로 쪼개서 설정해야 한다는 것이다. 많은 스타트업이 놓치는 가장 중요한 포인트다. 예를 들어, 배달의민족이 처음 출범할 때 가장 고민했던 부분이 표적고객을 설정하는 것이었다. '주말에 치킨이나 피자를 배달시켜 먹는 사람들이 누구일까?'라는 고민에서 시작해서 그들이 어디에 가장 많이 모여 있는지, 언제 배달 서비스를 이용하는지까지 아주 세세하게 고민하고 사업을 시작했다. 세분화하면 할수록 고객이 가진 문제를 이해하기 쉽고, 마찬가지로 솔루션을 만들어내기도 쉬워진다.

3. 채널

고객군이 정해지면 이제 고객들에게 우리가 하는 비즈니스를 알리고, 고객의 의견을 듣고, 고객과 거래해야 한다. 이를 위해서는 무언가가 있어야 하는데, 이를 채널이라고 한다. 다시 말해 표적고객과 커뮤니케이션하고 상품이나 서비스를 거래하는 방법 전체가 채널이다.

채널은 단순히 제품이나 서비스를 홍보하고 판매하는 것만이 아니라 구매 이전부터 이후까지 고객의 행동 전체를 고려해 가장 효과적으로 전달하는 방법을 의미한다. 따라서 채널을 설계할 때는 다음의 5가지 질문을 동시에 고려해야 한다.

첫째, 어떻게 고객에게 우리 회사의 상품이나 서비스를 이해시킬 것인가? 둘째, 어떻게 고객이 우리가 제안하는 가치를 제대로 평가하게 할 것인가? 셋째, 어떻게 고객이 더욱 쉽고 편안하게 상품이나 서비스를 구매하게 할 것인가? 넷째, 어떻게 고객에게 가치를 전달할 것인가? 다섯째, 어떻게 고객이 제품이나 서비스를 더욱 잘 사용하도록 할 것인가?

예를 들어, 시계 브랜드 타이멕스Timex는 디자인 시계를 처음 출시할 때 백화점이나 보석상이 아닌 양판점을 채널로 선택했다. 기존에는 시계가 돈 많은 사람만 착용하는 고가의 제품이었기 때문에 백화점이나 부티크샵 혹은 보석상에서만 취급했다. 하지만 타이멕스는 '최고의 성능을 가진 저렴한 가격의 시계'라는 가치제안을 가졌기 때문에 고가의 제품만 취급하는 기존 채널에서는 실패할 것이 뻔했다. 그래서 타이멕스는 고객들이 쉽게 접근하고 시착해볼 수 있는 양판점을 중심으로 채널을 구성해 적극적으로 커뮤니케이션했다. 이러한 시도는 기존의 시계시장을 완전히 뒤흔들었을 뿐만 아니라 타이멕스가 세계적인 회사로 성장하는 데 크게 기여했다.

4. 고객관계

비즈니스모델 캔버스에서 고객관계customer relationships는 표적고객들과 어떤 형태로 만날 것인가를 기술한다. 고객관계는 대부분 채널을 통해 이루어지기는 하지만 비즈니스모델과 아주 밀접한 관계가 있다. 고객관계의 사례를 유형별로 살펴보면, 콜센터나 이메일, SNS를 통한 개별적이지만 일반적인 고객지원형, 프라이빗 뱅킹 서비스나 전용기사 서비스 같은 특별고객 전용 서비스형, 키오스크나 FAQ 페이지 등을 통한 셀프서비스형, 인공지능 기반 추천서비스나 맞춤 큐레이션과 같은 자동화 서비스형, 마이크로소프트 테크커뮤니티, 중고나라, 디씨인사이드, MLB 파크 등과 같은 커뮤니티 서비스형, 그리고 UCCUser Created Contents인 유튜브 등과 같은 공동창출형이 있다.

어떤 유형을 선택하든 고객관계를 설계하고 관리하는 목표는, 회사가 제공하는 제품이나 서비스의 특징과 이용고객의 특징을 잘 결합해 고객경험을 극대화하는 것이다.

5. 핵심활동

핵심활동key activities은 고객가치제안에 제시된 솔루션을 만들고 제공하는 데 필요한 활동 혹은 프로세스들이다. 마이클 포터에 따르면 기업의 활동은 본원적 활동과 지원활동으로 구분되며, 본원적 활동은 입고, 생산·운영, 출고, 마케팅·판매 그리고 애프터서비스로 이루어지며, 지원활동은 기획, 전략, 총무 등 일반활동, 인적자원관리, 연구개발·기술관리, 그리고 구매활동으로 구분된다.

비즈니스모델 캔버스에서는 이러한 활동 중에 고객가치제안의 달성을 위해 반드시 필요한 활동을 구체적으로 기술한다. 예를 들면, 앞서 소개한 힐티는 제품을 생산해서 판매하기 위해 연구개발, 유통채널관리, 생산 등을 핵심활동으로 삼아야 하지만, 서비스회사로 전환하면 고객관계관리, 재고관리, 정보시스템 운영 등의 활동을 핵심활동으로 삼아야 한다.

6. 핵심자원

핵심자원key resources은 고객가치제안에 제시된 솔루션을 만들고 제공하기 위해 필요한 자원들과 고객관계관리, 채널 운영 등을 위해 필요한 자원들을 기술하는 것이다. 일반적으로 비즈니스에서 자원은 물적자원, 지적자산, 인적자원, 재무자원으로 구분한다. 비즈니스모델 캔버스에서는 이러한 자원 중에서 비즈니스모델의 운영에 필요한 자원을 구체적으로 기술한다.

예를 들어 자동차제조·판매회사가 모빌리티 서비스회사로 변신한다고 가정해보자. 자동차제조·판매를 위해서는 디자인 인력, 연구개발 인력 및 설비, 제조설비, 판매채널 등을 핵심자원으로 보유해야 한다. 하지만 모빌리티 서비스를 제공하는 기업이라면, 고객의 요구를 이해하고 서비스를 만들어내는 시스템, 고객관리 시스템, 차량 추적관리 시스템, 재고관리 시스템, 과금 시스템, 주차 시스템 등 새로운 자원이 절대적으로 필요하다. 이처럼 비즈니스모델이 달라지면 혹은 고객가치제안이 달라지면 이를 달성하기 위한 핵심자원도 달라져야 한다.

7. 핵심 파트너십

고객가치제안을 달성하고 고객경험을 극대화하기 위해서 이루어지는 많은 활동을 특정 기업이 혼자서 다 할 수는 없다. 특히 스타트업들의 경우에는 다양한 협력 네트워크를 만드는 것이 비즈니스모델의 원활한 운영을 위해 필수적이다. 따라서 어떤 역량을 가진 파트너를 비즈니스모델에 참여시키는가는 매우 중요한 문제다. 앞에서 소개한 핵심자원, 핵심 프로세스 부분을 참고하기 바란다.

8. 비용구조

비용구조cost structure는 비즈니스모델을 운영하기 위해 어디에서 어떤 비용이 주로 발생하는가를 서술한 것이다. 기본적으로 비즈니스모델 운영비용은 핵심자원 획득과 핵심 프로세스를 운영함에 따라 발생한다. 따라서 자원획득과 프로세스 설계는 비용구조 측면에서도 검토가 이루어져야 한다.

자원과 프로세스를 운영해 발생하는 비용은 다시 고정비와 변동비로 나눌 수 있는데, 고정비는 제품이나 서비스의 생산과 상관없이 고정적으로 발생하는 비용을 말하고, 변동비는 제품이나 서비스를 생산하고 전달하는 과정에서 발생하는 비용을 말한다. 비용구조의 설계는 비즈니스모델의 이익구조와 직접적으로 연결되기 때문에 많은 고민이 필요하다.

9. 수익흐름

수익흐름revenue streams은 회사가 제공하는 솔루션을 통해 목표고객으로부터 벌어들이는 돈을 의미한다. 가장 일반적으로 수익은 판매수량에 판매단가를 곱한 것을 말한다. 과거와 달리 디지털기술이 일상화된 지금은 회사가 제공하는 서비스가 반드시 직접적인 수익의 원천이 되지 않는 경우가 많아졌다. 구글의 광고판매나 라이선스 수익처럼 말이다. 따라서 비즈니스모델 캔버스에서는 반드시 어디에서 수익이 창출되는지를 명확하게 기술해야 한다.

여기에 더해, 가격정책까지 수익흐름에 표시하는 것이 바람직하다. 예를 들어 제품이나 서비스를 판매하는 것이지, 월별로 일정액의 구독료를 받는 것인지, 서비스를 제공할 때마다 수수료를 받는 것인지, 아니면 고객이 직접 지불하지 않고 대신 제3자가 내는 것인지 등 실제 수익이 어디서 어떻게 발생하는지를 명확하게 기술할 필요가 있다.

비즈니스모델 캔버스는 기존 사업을 간단하게 시각화하고, 신규사업의 비즈니스모델을 디자인하는 데 사용할 수 있다. 회사 내부에 다양한 사업 포트폴리오가 있을 경우에도 이를 체계적으로 관리하는 데 유용하다. 특히 짧은 시간 내에 비즈니스 아이디어를 체계적으로 정리하는 데 도움을 주며, 다양한 사람들과 비즈니스모델을 공유하고 이해를 높이는 데 효과적이다.

어떤 영역에서 어떤 형태로 경쟁할 것인가?

일반적으로 기업은 시장에서 경쟁하기 위해 자신만의 사업목표와 사업영역, 자원과 프로세스를 가지고 있다. 디지털 경제에 적응하기 위해서 기업은 사업목표, 자원, 프로세스를 디지털화해야 한다. 여기서 중요한 것은 3가지, 즉 디지털 트랜스포메이션 전략, 고객 인터페이스 전략, 그리고 생산·운영 시스템 구축 전략이다.

디지털 경제에서 어떤 형태로 경쟁할 것인가?

첫째, 디지털 트랜스포메이션 전략은 기존의 제품이나 서비스가 가지는 본질적 가치가 무엇인지를 고민하고 이 가치를 중심으로 시장을 재정의하고 비즈니스모델을 다시 만드는 것이다. 디지털 경제에서 기업이 어떤 영역에서 어떤 형태로 경쟁해야 하는지를 결정해야 한다는 것이다.

앞서 언급한 온디맨드 서비스 중 하나를 전략적으로 선택하고 그 서비스를 제공하기 위해 필요한 자원과 프로세스를 설계하고, 기술과 인력을 확보하는 것도 포함된다. 다만 기존에 투자된 모든 것들을 디지털로 바꾸기란 생각보다 쉽지 않기 때문에 현실적으로 가용한 기술과 장기적 전략계획을 만드는 것이 중요하다.

고객이 쉽게 수용할 수 있는 형태는 무엇인가?

둘째, 고객 인터페이스 전략은 고객이 쉽게 수용할 수 있는 형태로 만드는 것이 매우 중요하다. 디지털 기술과 그에 기반한 서비스는 기존의 제품·서비스와 많이 다르기 때문이다. 고객을 당황하게 만들지 않으면서 자연스럽게 수용하게 만드는 방법이 무엇인지 고민해야 한다. 고객 수용성이 부족하여 실패한 디지털 솔루션들은 수도 없이 많다.

대표적인 예가 마이크로소프트의 윈도우즈8이다. 윈도우즈는 개인용 컴퓨터 운영체계 시장의 90%를 차지하는 절대강자이다. 많은 사용자가 윈도우즈7을 사용하고 있을 때, 마이크로소프트는 그야말로 획기적인 디자인을 가진 최고 성능의 운영체계라고 선전하면서 윈도우즈8을 출시했다. 하지만 완전히 달라진 사용자 인터페이스에 사용자들은 당혹감을 표시했고, 마이크로소프트는 고객들의 불만을 처리하느라 정신이 없었다. 결국 윈도우즈8은 시장의 선택을 받지 못했고 마이크로소프트는 엄청난 돈을 들여 개발한 윈도우즈8을 버리고 윈도우즈10으로 직행해야 했다. 단순하고 고압적인 혁신 시도가 결국 실패로 돌아간 것이다. 다행히 윈도우즈10은 윈도우즈7과 8을 결합한 모델로 사용자 수용성을 높여 시장에 안착할 수 있었다.

한편 애플은 전혀 달랐다. 애플은 맥북을 업그레이드하면서 사용자 인터페이스에 급진적인 변화를 주지 않았다. 애플은 사용자들이 제품을 조금 더 가치 있게 쓸 수 있도록 디테일하면서도 의미 있는 기술적 변화를 도모한다. 기존 제품의 사용성에 만족하고 있는 사용자가 스스로 변화하도록 유도하는 것이다.

내부 자원과 프로세스의 표준화, 유연화가 가능한가?

셋째, 생산·운영 시스템에서 디지털 트랜스포메이션이 구현되기 위해서는 기업이 가진 자원과 프로세스들이 표준화되고, 필요한 상황에 대응할 수 있도록 유연성을 가져야 한다. 또한 시스템 전체가 유기적으로 연결되어 고객문제를 해결할 수 있도록 통합되어야 한다. 이를 다시 기업의 자원, 프로세스, 통제, 복구 관점으로 구분하여 평가할 수 있다.

- 자원의 디지털화 : 고객문제해결과 관련된 자원이 표준화, 모듈화, 디지털화되어 있는 정도.
- 프로세스의 디지털화 : 자원의 흐름과 고객문제해결 절차가 표준화, 모듈화, 디지털화되어 있는 정도.
- 통제의 디지털화 : 디지털 시스템의 거버넌스 구조가 잘 구축되

어 서비스가 매끄럽게 제공되는 정도.

- 복구의 디지털화 : 디지털 시스템의 실패에 대한 관리 프로세스
와 복구 프로세스가 디지털화되어 있는 정도.

- 통제 시스템의 디지털화 : 기업이 제공하는 제품과 서비스에 대
한 명확한 정의가 존재하고 그것이 가지는 목표가 달성되기 위
해 가져야 하는 의사결정체계, 조직구조, 기능별 책임과 역할 규
정, 모니터링 시스템, 성과의 측정과 반영 등이 디지털로 구현되
어 있는 정도.

이 모든 변화의 과정에서 중요한 것은 기업들이 디지털 트랜스포
메이션을 하는 이유가 고객문제를 온디맨드 형태로 해결하는 것이라
는 점을 이해하고 이에 맞는 자원, 프로세스, 기술을 확보하고 활용
해야 한다는 것이다.

마치며

'사람 중심의 기업가정신'에 성패가 달렸다

'단군 이래 최악'이라는 말도 식상해진 요즘 같은 시대에, 기업이 생존을 넘어 장기적·지속적으로 성장하려면 어떻게 해야 할까? 이 책은 바로 이러한 고민에서 시작되었다. 이 책에서 이제까지 이야기한 기업 생존과 성장의 3가지 조건은 다음과 같다.

첫째는 고객의 문제를 정확하게 이해하고 솔루션을 만들어 온디맨드 형태로 제공하는 것, 둘째는 조직 구성원이 가진 지식과 경험을 극대화하여 이들이 고객의 문제해결에 창의적으로 나서게 하는 것, 셋째는 온디맨드 서비스를 가장 효율적으로 함께 제공할 파트너를 찾고 이들의 역량을 잘 활용하는 것이다.

그런데 이 3가지 조건을 관통하는 핵심단어가 있다. 바로 '사람'이다. 고객의 문제를 이해하고 솔루션을 만들어내는 것, 직원의 역량을 개발하고 이들을 동기부여해 고객문제를 해결하는 데 집중하도록 하는 것, 그리고 좋은 파트너를 발굴하고 이들과 적극적으로 협력하여 고객에게 가장 적합한 솔루션을 제공하는 것, 이 모든 과제는 사람을 이해하고, 사람의 역량을 극대화하고, 사람 간에 신뢰를 쌓아야 가능하다.

더군다나, 4차 산업혁명 시대를 견인하고 있는 디지털기술들은 기존의 기계식 기술과는 차원이 다르다. 기존의 기술들은 개발 시점부터 그 기술이 만들어낼 결과가 무엇인지, 어떤 프로세스를 통해 만들어지고 사용될지 예측할 수 있었다. 하지만 오늘날의 디지털기술은 어떤 결과를 만들어낼지, 어떻게 퍼져나가고, 사람들이 어떻게 사용할지 예측하기가 무척 어렵다.

예를 들어 인터넷은 초기에 죽지 않는 네트워크를 만들어 전쟁에 대비하자는 목적으로 만들어졌다. 하지만 곧 학자들의 커뮤니케이션에 사용되었고, 지금은 비즈니스 환경을 오프라인에서 온라인으로 바꾸는 데 사용되고 있다. 또한 디지털기술들은 한번 프로그래밍한 것을 지우거나 수정할 수 있고, 여러 기계를 결합하거나 해체할 수 있고, 다양한 참여자들을 끌어들일 수 있다.

이러한 디지털기술의 특징은 적응성이 강하고 창조적이면서 사람에 대한 이해가 깊은 인재를 요구한다. 이런 인재들을 '사람 중심 기업가정신'을 가진 사람들이라고 부른다. '사람 중심 기업가정신'이란, 사업에만 초점을 두는 것이 아니라 사람에 대한 이해를 바탕으로 사업기회를 창조하고 발전시켜 나가는 것이다. 사람 중심 기업가정신의 핵심원리는 다음과 같이 4가지로 구분할 수 있다.

첫째, 사업의 발전과 사람의 성장을 동시에 균형적으로 추구한다.

둘째, 가치창출뿐만 아니라 가치배분도 함께 고려한다.

셋째, 기업가뿐만 아니라 전 구성원의 참여와 행복을 추구한다.

넷째, 발견과 실험을 통해 끊임없이 새로운 기회를 추구한다.

기존의 기업가정신이 '기회창출, 혁신, 위험감수'라는 3가지 측면을 강조했다면, 사람 중심 기업가정신은 사람의 역량을 개발하고 이를 활용하는 데 초점을 둔다. 사람 중심 기업가정신의 발현 메커니즘은 크게 '미션·사람·사업'이라는 3가지 구성요소로 설명할 수 있다.

이 3가지 구성요소를 관통하는 가장 중요한 개념은 '꿈 만들기'다. 꿈을 만들어 전체 구성원들의 공감을 얻고, 공정한 제도를 만들어 파트너들과 건전한 생태계를 만드는 것, 결과적으로 그들이 열정을 가지게 하는 것이 '미션' 부분이다. 그 꿈에 공감하고, 구성원에게 권한을 부여하고, 역량을 개발할 수 있도록 지원해 탁월한 성과를 얻는 것은 '사람'의 영역이다. 마지막으로 만들어진 꿈에 대해 열정을 가지고 새로운 사업을 탐색하고 부단히 실험해 탁월하게 실행하는 것이 '사업' 영역이다.

조직 내에서 '사람 중심 기업가정신'이 활성화되면 고객문제를 이해하고 솔루션을 만든다든지, 역량 있는 구성원들이 고객문제를 해결하는 데 집중한다든지, 열정적인 파트너들이 적극적으로 협력하여 고객에게 가장 적합한 솔루션을 개발하고 제공한다든지 하는 문제들이 쉽게 해결된다.

부연설명하자면, 사람 중심 기업가정신의 활성화는 다음과 같은 3가지 효과를 가진다. 첫째, 고객 입장에서 문제를 바라보고 공감함으로써 고객문제를 해결할 솔루션을 더 잘 만든다. 둘째, 조직 구성원에 대한 깊은 이해와 적절한 동기부여를 통해 구성원의 역량을 극대화하고 이들이 고객의 문제해결에 적극적으로 나서게 한다. 셋째, 파트너들의 역량과 그들이 추구하는 가치를 정확하게 이해하고 신뢰를 쌓음으로써 협력기회를 극대화하고, 풍부하고 깊이 있는 산업생태계를 만들어 고객의 문제를 더욱 신속하고 정확하게 해결할 수 있다.

4차 산업혁명이 디지털기술로 온디맨드 서비스를 만들어 고객문제를 해결하는 것이라고 강조하는 상황에서, 갑자기 사람이 제일 중요하다고 말하는 것이 이상하게 들릴 수도 있다. 하지만 혁신은 실제로 일하는 사람에게서, 특히 특정한 문제를 해결하기 위해 몰입하고 있는 사람으로부터 나온다. 그리고 그 혁신의 실행이 다양한 기업들의 참여를 통해 다시 사람에게 돌아간다. 그러한 점을 기억한다면 사람의 공감을 얻고, 역량을 키우며, 사람 간의 협력을 만들어내는 것이 4차 산업혁명 시대 너무나 당연히 추구해야 하는 길임을 쉽게 이해할 것이다.

주석

Part 1. 혁명의 시대

1. 김경준, 격변의 패턴: 4차 산업혁명 시대를 여는 딜로이트의 대담한 제언, 딜로이트 안진 리뷰, No.8, 2017.
2. 김승택, 4차 산업혁명 도래에 대한 시각, 딜로이트 안진 리뷰, No.9, 2017.
3. 보스턴컨설팅그룹, 2013.
4. Martin Reeves and Mike Deimler, Adaptability: the new competitive advantage, HBR, 2013.
5. 사물인터넷, 한국인터넷진흥원.
6. IDC, Transforming Manufacturing with the Internet of Things, 2015.
7. Lin, Shi-Wan, Three Main Themes in the Industrial Internet of Things, Journal of Innovation, 1st Edition December, 2015.
8. IDC, Adapted from Perspective: The Internet of Things Gains Momentum in Manufacturing in 2015.
9. Walter W. Powell, The knowledge economy, 2004.
10. 제4차 산업혁명에 대응한 지능정보사회 중장기 종합대책, 미래창조과학부(2017), p.14, 맥킨지(2016) 재인용.
11. 이경상, 4차 산업혁명 시대를 이끄는 핵심 기술동향, 2017.
12. 제4차 산업혁명에 따른 미래(2015~2020) 일자리 변화 전망, 세계경제포럼(2016).
13. 김용진, 제품-서비스 통합, 'How'와 'Where'에 집중하라, 동아 비즈니스 리뷰, 63호 Issue 2, 2010.
14. Evans, D. S. & R. Schmalensee, 2008.
15. 만화 유통환경 개선방안-웹툰 산업을 중심으로, KOCCA 연구보고서 16-08(p.29), 한국콘텐츠진흥원(2016), KT경제경영연구소(슬라이드 14p) 재인용, https://www.slideshare.net/chang1/ss-27343196
16. 김용삼, 4차 산업혁명과 세계화 시대의 종언, 2016.

17. Rebecca Keller, The Rise of Manufacturing Marks the Fall of Globalization, Strategic Forecast, Inc., Strafor, 2016.

18. Smart service welt(p.12), acatech(2015), Siemens(2014) 재인용, 국문 버전: 박희석, 김은(2017), 독일의 제조기반 스마트 서비스 추진현황, ICT 융합동향, 제16호 (p.5).

19. https://ko.wikipedia.org/wiki/%EC%82%B0%EC%97%85%ED%98%81%EB%AA%85

20. 김승택, 4차 산업혁명 도래에 대한 시각, 딜로이트 안진 리뷰, No. 9, 2017.

21. http://science.postech.ac.kr/hs/C21/C21S002.html

22. 일반적으로 애니악이 최초의 컴퓨터라고 알려져 있으나, 아타나소프 사가 자신들이 개발한 아타나소프-베리 컴퓨터(ABC)가 최초의 컴퓨터임을 주장했고, 1973년 10월 19일 미국 법원에서 '인류 최초의 계산기는 ABC다.'라고 판결했다.

23. Jeremy R. The third industrial revolution: how lateral power is transforming energy, the economy, and the world, New York: Palgrave Macmillan, 2011.

24. 송성수, 역사에서 배우는 산업혁명론: 4차 산업혁명과 관련하여, 과학기술정책연구원, STEPI Insight, vol. 207, 2017.

Part 2. 온디맨드 이코노미, 이미 와버린 미래

25. 공유경제정보센터 홈페이지, 중소기업 CEO를 위한 내 손안의 4차 산업혁명, IBK 경제연구소, 2017.

26. Wellman, 2001.

27. Fredette et al., 2012; Gartner, 2013; ITU, 2005.

28. Fredette et al., 2012.

29. 주대영, 김종기, 초연결시대 사물인터넷(IoT)의 창조적 융합 활성화 방안, 산업연구원, 2014.

30. Hanson, 2000.

31. Coner, 2003.

32. 하헌식, 4차 산업혁명과 아웃소싱, 바른북스, 2017.

33. 강민성, 4차 산업혁명 시대 서비스산업의 발전방안 토론회 발표자료, 산업연구원, 2017.

34. McKinsey Global Institute Survey(2016), Mckinsey & Company Analysis(2016), The Wall Street Journal(2016. 03. 25), MGI Survey(2016), Mckinsey & Company Analysis.

35. '긱 워킹'을 1차 직업으로 하는 노동인구와 2차 직업으로 하는 노동인구를 모두 포함하면, 미국은 27%, 영국은 26%, 스웨덴은 28%, 독일은 30%, 프랑스는 25%, 스페인은 31%로 나타났다.

36. LG 비즈니스 인사이트 위클리 포커스, 온라인 인재 플랫폼이 직업 세계를 변화시킨다, 2015.

37. OECD, OECD Hearings The Digital Economy 2012, Feb 2013.

38. 한국투자증권, 2017.

39. 중소·중견기업 기술 로드맵(2017-2019), 중소기업청/중소기업기술정보진흥원/㈜윕스/NICE평가정보(주), 2016.

40. 국가 국제 표준화 전략 로드맵 보고서, 한국표준협회(2002).

41. 연합뉴스, https://www.yna.co.kr/view/AKR20140121003400072

42. 김도희, 디지털 생산 시스템 '똑똑한 공장'으로 불량률 0.001% 실현, 중소기업뉴스(2018. 05. 09).

Part 3. 오늘부터 온디맨드 비즈니스를 시작합니다

43. O2O, 커머스를 넘어 On-Demand Economy로, 황지현(2015), KT경제경영연구소, Issue&Trend(p.9), PWC(2014) 재인용.

44. Johnson, Christensen, Kagermann, Reinventing Your Business Model, HBR, 2008.

45. Johnson, A New Framework for Business Models, HBR, 2010.

46. Kavadias, Ladas, and Loch, The Transformative Business Model: How to tell if you have one, HBR, 2016.

47. The Transformative Business Model: How to tell if you have one, Kavadias, Ladas, and Loch, HBR(2016).

48. The Transformative Business Model: How to tell if you have one, Kava-
    dias, Ladas, and Loch, HBR(2016).

49. 2013년 액센추어 인터렉티브Accenture Interactive에 인수되었다.

50. http://www.ciokorea.com/insider/35080#csidx84e10687186c26aa64c9177
    4971779f

51. Osterwalder, A. and Pigneur, Y., Business Model Generation, John Wiley
    & Sons, 2010.

01 4차 산업혁명의 특징과 기업 경영환경 변화   022

02 클라우드 서비스의 종류   027

03 지능정보사회가 국내 경제에 미칠 영향   032

04 2015~2020년 직군별 고용 증감의 변화   034

05 제품-서비스 통합을 통한 성장전략 프레임워크   040

06 웹툰 플랫폼의 비즈니스모델과 양면시장에서의 역할   047

07 지멘스의 스마트 제조 서비스 2025 개요   056

08 산업혁명 변천사   066

09 공유경제 비즈니스모델 및 수익 메커니즘   075

10 디지털 기술활용의 진화   085

11 전통적 비즈니스 포트폴리오   088

12 가치-원가 딜레마   090

13 사물인터넷의 대표적 서비스 유형   099

14 디지털 트랜스포메이션과 자원의 전환   102

15 국내외 온라인 일자리 중개 플랫폼 종류와 특징   125

16 수확체감 법칙과 수확체증 법칙   139

17 롱테일 법칙과 파레토 분포   140

18 손익분기점 분석   142

19 글로벌 시가총액 기업순위 변동 및 시가총액 규모의 변화   145

20 디지털 트랜스포메이션의 구성요소와 실현을 위한 기반   146

21 스마트 유통·물류의 요소   155

22 아마존의 예측배송 경로   156

23 온디맨드 서비스 유형과 사례   170

24 소비자 권력의 변화   196

25 가치창출 프로세스 분할도   197

26 고객참여에 따른 유형분류   199

27 에너지 프로슈머 개념도   203

28 비즈니스모델 구성요소   224

29 기술과 시장의 연결   236

30 상위 22개 회사 비즈니스모델 평가 결과   237

31 e−파이프 기법   239

32 비즈니스모델 캔버스   246

김용진

서강대학교 경영학부 교수이자 스마트핀테크연구소장과 경영대학원 전략기획부원장을 맡고 있다. 현재 혁신금융서비스심사위원회와 중소기업정책심의회 민간위원, 아시아중소기업협의회 회장, 보세구역판매장 특허심사위원회 위원장, 경영학연구 편집위원장으로 활동하고 있다.

뉴욕주립대 교수, IT융합기술협회 부회장, 국가과학기술심의회 첨단융합전문위원을 역임했다. 최근 금융혁신에 노력한 공로를 인정받아 정부로부터 녹조근정훈장을 받았다. 주요 연구분야는 디지털 트랜스포메이션과 비즈니스모델 혁신, 지식경영, 서비스 혁신, IT 프로젝트와 평가 등이다. 저서로는 《Servicovation(서비소베이션) 서비스 중심의 비즈니스모델 혁신전략》,《협동조합성공과 실패의 비밀》 등이 있다.

오직 한 사람에게로

2020년 11월 2일 초판 1쇄 | 2024년 11월 14일 4쇄 발행

지은이 김용진
펴낸이 이원주

기획개발실 강소라, 김유경, 강동욱, 박인애, 류지혜, 이채은, 조아라, 최연서, 고정용
마케팅실 양근모, 권금숙, 양봉호, 이도경 **온라인홍보팀** 신하은, 현나래, 최혜빈
디자인실 진미나, 윤민지, 정은예 **디지털콘텐츠팀** 최은정 **해외기획팀** 우정민, 배혜림, 정혜인
경영지원실 홍성택, 강신우, 김현우, 이윤재 **제작팀** 이진영
펴낸곳 (주)쌤앤파커스 **출판신고** 2006년 9월 25일 제406-2006-000210호
주소 서울시 마포구 월드컵북로 396 누리꿈스퀘어 비즈니스타워 18층
전화 02-6712-9800 **팩스** 02-6712-9810 **이메일** info@smpk.kr

© 김용진 (저작권자와 맺은 특약에 따라 검인을 생략합니다)
ISBN 979-11-6534-235-7(03320)

쌤앤파커스(Sam&Parkers)는 독자 여러분의 책에 관한 아이디어와 원고 투고를 설레는 마음으로 기다리고 있습니다. 책으로 엮기를 원하는 아이디어가 있으신 분은 이메일 book@smpk.kr로 간단한 개요와 취지, 연락처 등을 보내주세요. 머뭇거리지 말고 문을 두드리세요. 길이 열립니다.